ANTHROPO-LOGIQUES
N° 1 (1988)

La série *Anthropo-logiques* est publiée par le CIGAC (Centre Interdisciplinaire de Glossologie et d'Anthropologie Clinique).

COMITÉ DE RÉDACTION

Jean GIOT (FNDP), Damien HUVELLE (UCL), René JONGEN (FUSL/UCL), Pierre MARCHAL (UCL), Regnier PIRARD (FNDP)

Siège du CIGAC: Facultés Universitaires Saint-Louis
Boulevard du Jardin Botanique, 43
B-1000 Bruxelles

BIBLIOTHÈQUE DES CAHIERS DE L'INSTITUT
DE LINGUISTIQUE DE LOUVAIN — 40

ANTHROPO-LOGIQUES

N° 1 (1988)

PEETERS
LOUVAIN-LA-NEUVE
1988

D / 1988 / 0602/6

ISBN 90-6831-108-5

© PEETERS
Bondgenotenlaan 153
B-3000 Leuven

et Publications Linguistiques de Louvain
Place Blaise Pascal 1,
B-1348 LOUVAIN-LA-NEUVE

Printed in Belgium

BCILL 40 : Anthropo-logiques 1 (1988), 5-14

EDITORIAL

René JONGEN
Responsable du projet FNRS/CIGAC

En parcourant le sommaire de la présente publication, le lecteur sera sans doute surpris, voire déçu, de n'y point trouver d'unité disciplinaire. En effet, qui peut prétendre, aujourd'hui, à une égale compétence en des domaines aussi divers que la philosophie, la linguistique, la psychanalyse et l'aphasiologie ? Ne risque-t-on pas, à vouloir trop embrasser, de ne plus étreindre rien ni personne, sinon la vanité d'une ambition naïve ?

Nous pensons autrement, et autre chose. Nous pensons qu'il est indispensable et urgent de fonder les sciences de l'homme sur des bases plus solides, épistémologiques et scientifiques. A nos yeux, cela signifie qu'il faut prendre en compte la spécificité épistémologique de ces sciences: l'homme s'y prend lui-même pour objet, dans cela-même qui le fait homme. C'est l'humain "rationnel" qui intéresse les sciences de l'homme: non pas ce qui nous fait effets physiques ou êtres biologiques, mais les déterminismes "culturels" qui nous font hommes, êtres émergeant à la faculté de langage et de pensée, êtres ayant la maîtrise de l'outil, personnes sociales et être capables de désir vertueux et de liberté.

Expliquer scientifiquement l'homme, c'est, à nos yeux, élaborer à son propos un savoir fondé sur des bases épistémologiques et présentant par ailleurs toutes les garanties d'une véritable vérification expérimentale. Malheureusement, il nous apparaît que les tendances dominantes, dans les pratiques des sciences humaines constituées, vont à l'opposé, à l'idéologie et au simulacre expérimental. C'est en effet

par conformité idéologique que nous nous accrochons désespérément à une sectorisation en disciplines, étanches et
"occupées" chacune par des spécialistes attitrés. Cette attitude trahit une indifférence à tout effort de fondation épistémologique. Elle illustre une conception positiviste et
"naturelle" des sciences de l'homme.

Nous pensons que l'objet spécifique des sciences humaines
ne peut être rejoint par des pratiques descriptives qui
misent sur la fiabilité des données empiriques observables.
Nous pensons que l'homme, étant capable d'analyse et d'autoformalisation, est comme à double fond. Nous pensons que la
rationalité, qui le constitue dans sa spécificité humaine,
est à la fois dialectique, une et polymorphe.

Dialectique, car le traitement spécifiquement humain du
monde est une médiation: l'homme n'est pas immédiatement dans
le monde, mais il s'en absente en l'acculturant par analyse
formalisante, instaurant un univers structural de pure forme,
et se condamnant ainsi à un "travail" contradictoire de posi-
tivation de cette négativité instantielle. Ainsi, par exemple, le sens humain n'est jamais que l'aboutissement d'une
médiation langagière. Par notre faculté grammaticale, nous
instaurons, en rupture avec le percept, un univers d'immanence structurale, signifié et signifiant, destiné par
ailleurs et simultanément à être contradictoirement réaménagé
en structuration conceptuelle du monde. Le sens est synthèse
d'une polarisation dialectique du signe langagier, que
définit la logique du double critère qui le fonde: critère
formel, définitoire du versant structural-grammatical du
signe; critère référentiel, d'adéquation à la situation de
parole, définitoire de son versant conceptuel. L'homme ne
fait sens que sur fond d'une sous-jacence structurale
signifiée, et cachée parce que contredite. Le sens contient
toujours, en filigrane, la présence-absence d'un non-sens
structural, signification, pure forme. Présence-absence, car,
sans être annulée, la structure est, par notre faculté de
retour au monde, constamment contredite. C'est le conflit qui
nous fait hommes, l'émergence à la simultanéité de deux pôles
dialectiques: d'une part, instauration par analyse d'une pure
FORME; d'autre part, capacité de négation de cette négativité
formelle. Ce qui s'observe "à la sortie" n'est dès lors que

le résultat visible du deuxième pôle dialectique, dont la logique interne consiste précisément en la négation, par contradiction, d'une "profondeur" structurale immanente et inéluctable. En d'autres mots: dans le monde humain, l'observable ne manifeste que lui-même, voilant - parce que la contredisant - la sous-jacence structurale. Le symptôme humain n'est ni le ceci ni le ici du déterminisme sous-jacent qui pourtant le fonde.

Ainsi - pour prendre un exemple "linguistique" - d'aucuns, au lieu de se donner les moyens de formaliser la formalisation incorporée que le langage nous impose, se contentent d'un formalisme, extérieur et réifiant, qui ne rejoint que le "symptôme" d'une phonétique et d'une sémantique, conscientes et positivées. Prétendre, par le recours technique au concept de "transformation", rendre compte par exemple de l'identité "profonde" entre des énoncés tels que: "L'oiseau et petit. Il s'envole", "Le petit oiseau s'envole", et "L'oiseau qui est petit s'envole"; ou encore, et inversement, vouloir "expliquer" l'ambiguïté de l'énoncé: "J'ai vu manger un poulet" (selon que le poulet mange ou est mangé) en le rapportant à une différence "profonde", c'est se condamner à ne voir que la polarisation référentielle-sémantique du langage, que du coup on aplatit, puisqu'on en ignore l'incidence structurale, à une affaire de correspondance entre son et sens. Nous insistons, quant à nous et tout au contraire, sur le fait que la synonymie et la désambiguisation ne sont que des opérations "rhétoriques", et qu'elles n'existent que comme inversions des préalables structuraux que sont la polysémie du signifié et l'ambiguïté définitoire du vide formel. Ce que les aphasiques, c'est-à-dire ceux dont le trouble culturel consiste en une perte de facultés langagières formelles, ne possèdent plus, c'est précisément cette maîtrise de l'ambiguïté structurale. Pour eux, les mots sont étiquettes, les choses ont des noms, et leur capacité conceptuelle de synonymie s'affole parce que, ne maîtrisant pas la polysémie, c'est-à-dire l'absolue indifférence référentielle du signifié structural, la synonymie - qui est identité conceptuelle malgré la diversité structurale - ne peut se constituer, n'ayant rien à inverser...

La rationalité humaine, qui est pour nous l'objet-même

des sciences humaines, est une, disions-nous. Par là nous affirmons que la modalité spécifiquement humaine de traiter le monde est la même partout, quel que soit le domaine concerné. C'est la même rationalité, la même médiation, qu'il s'agisse du langage, de l'outil, de la personne ou de la norme. C'est cette unicité fondamentale qui nous incite à gommer la diversité des lieux empiriques et idéologiques. D'autre part, la rationalité humaine, bien que une dans son principe, est polymorphe dans ses applications. Il y a lieu en effet de distinguer, là où s'inscrit le traitement humain du monde, des plans différents: le monde en tant que monde parlé (plan du dire ou du savoir); le monde en tant que monde outillé (plan du faire ou du pouvoir); le monde comme monde historicisé (plan de l'être); et le monde comme monde normé (plan du désir ou du vouloir). La distribution sur quatre plans distincts n'a peut-être rien de définitif. Ce qui nous paraît important, c'est la nécessité de déconstruction du "fonctionnement" humain. Ce qui, phénoménalement, peut nous apparaître comme globalement un, est en réalité - et par nécessité interne, car nous traitons toujours des quatre plans en même temps - le résultat d'une imbrication de déterminations qui, bien que un dans leur principe, sont à imputer à des plans distincts. Ainsi - pour reprendre un exemple "linguistique" - dans tout message verbal viennent s'entrecroiser, jusqu'à la confusion, des déterminismes rationnels distincts: il s'y investit du langage; mais également de l'interlocution et de la traduction, divergence idiomatique et, simultanément, convergence communicative (qui est la langue, historicisation "personnelle" du langage); également du non-dit dit par détour allégorique (qui est le discours, normation du langage); et, s'il s'agit d'un énoncé écrit, également de l'outillage (l'écriture étant une technicisation du langage).

Ainsi, pour nous, l'objet de ce qui serait "la linguistique", éclate en autant d'objets qu'il y a de plans distincts. Et s'il faut déconstruire la globalité du phénomène, s'il faut ne pas confondre langage, écriture, langue et discours, le même éclatement doit affecter les "disciplines" qui, dans l'unité des mêmes anthropo-logiques, prétendent interroger leur distribution sur les différents plans: la glossologie pour le traitement humain du dire, qui est la dialectique du langage, grammaire et rhétorique; l'ergolinguistique, pour l'incidence de l'outil sur le langage, signalisation de langage, écriture; la sociolinguistique, pour l'incidence de la personne sur le langage, idiomatisation et communication, langue; et l'axiolinguistique, pour l'incidence de la norme éthico-morale sur le langage, réticence et allégorie, discours.

Et de manière plus générale, si nous prenons les différents plans dans leur autonomie théorique - faisant abstraction des multiples interférences entre plans (comme nous venons d'en illustrer certaines pour le langage) -, nous aurons, à l'intérieur d'une même anthropologie, les quatre "disciplines" fondamentales: la glossologie, qui a pour objet la médiation signe-sens; l'ergologie, qui a pour objet la dialectique de l'outil; la sociologie, dont l'objet est la dialectique, ethnico-politique, de la personne; et l'axiologie, dont l'objet est l'acculturation du désir en norme éthico-morale.

Voilà, en trop peu de mots, la motivation qui sous-tend le choix du titre de la présente collection. Nous remercions les éditeurs de l'accueillir dans leur collection "Bibliothèque des Cahiers de l'Institut de Linguistique de Louvain". Les objectifs qui inspirent cette forme de publication rencontrent parfaitement nos propres souhaits. En effet, "Anthropo-logiques" se veut un des organes de publication du Centre Interdisciplinaire de Glossologie et d'Anthropologie Clinique (CIGAC). Ce centre de recherche, créé en 1986, s'est constitué à partir d'un travail de réflexion fondamental et critique en sciences humaines, entamé, dès les années 1981, par plusieurs chercheurs belges "appartenant" à des disciplines diverses (philosophie, linguistique, psychologie, psychiatrie, aphasiologie). Cette réflexion n'a pu s'instaurer que grâce au travail essentiel de Jean Gagnepain et de ses collaborateurs, théoriciens et cliniciens, à l'Université de Haute-Bretagne à Rennes (France). Jean Gagnepain a exposé les fondements théoriques de cette nouvelle anthropologie, théorie de la médiation, ainsi que la dialectique du signe et celle de l'outil, dans son ouvrage: "Du Vouloir-Dire. Traité d'épistémologie des sciences humaines. I: Du Signe. De l'Outil. Paris-Oxford, 1982. Les aspects cliniques de ces mêmes deux premiers plans sont abordés dans la revue "Tétralogiques", publiée par l'U.E.R. du langage de la même université (trois numéros parus).

Ce n'est donc pas l'unidisciplinarité qui sera le principe unificateur de "Anthropo-logiques", mais tout au contraire sa contestation épistémologique au nom d'une unité de méthode scientifique. Ce qui rassemble la diversité des domaines abordés, c'est la même démarche scientifique déployée à propos d'un même objet scientifique, qui est l'homme dans ses capacités formalisantes et dialectiques. Cette méthode passe par trois étapes essentielles et complémentaires: déconstruction, construction et vérification clinique. Déconstruire, c'est-à-dire ne pas prendre par exemple une vessie langagière pour une lanterne sociolinguistique ou discursive, mais faire éclater l'objet empirique en des objets humainement déterminés distincts. Construire (un modèle), c'est-à-dire refuser le poids d'évidence du regard positiviste, refuser un crédit péremptoire à l'observable, au paradigme de l'évidence et de l'induction, mais au contraire - sachant que l'homme est médiation, c'est-à-dire contradiction visible d'une négativité rendue, par le fait même de la dialectique, invisible - miser sur le paradoxe et construire une théorie de la médiation.

Reste une troisième étape, essentielle elle aussi: toute science doit comporter une phase hypothético-déductive de vérification expérimentale. Il ne peut évidemment être question d'intervenir expérimentalement sur l'humain dans l'homme. Mais la "nature" nous fournit spontanément des exemples de pathologie culturelle. Ces pathologies présentent à l'état cassé et déconstruit ce qui chez l'homme normal est intact et globalisé. Il s'agit ainsi de fonder une clinique humaine expérimentale, qui, à l'opposé de la clinique pragmatique, prétend interroger les maladies culturelles à des fins de vérification de la justesse des propositions introduites dans la théorie. Ainsi s'efforcera-t-on, par exemple, par des tests dits "pièges", de mettre à l'épreuve la logique grammaticale de l'aphasique: quelles sont les facultés grammaticales conservées, lesquelles sont perdues, quelles sont les stratégies de compensation soit par les facultés conservées, soit par la maîtrise conservée du pôle rhétorique référentiel, soit par la maîtrise conservée des autres plans... ? Les tests-pièges ne sont nullement destinés à collecter de l'observable, car celui-ci ne révèle que sa propre évidence: rien de ce qui s'observe ne permet de faire le départ entre les déterminismes qui le régissent (est-ce le trouble qui se manifeste, ou au contraire le détour d'une compensation, qui occulte le trouble ?). Les tests-pièges sont des tentatives de vérification expérimentale du bien-fondé des postulats théoriques. Déduisant telle hypothèse précise du modèle - par exemple, étant donnée telle défi-cience grammaticale, le chercheur prédira que le malade, confronté à tel problème grammatical, n'en maîtrisant pas la logique, ne pourra que exploiter, à l'excès, la déductibilité dont il a conservé la maîtrise, et se montrera incapable de contester une logique, induite par le test, par une autre logique qu'il ne possède pas -, le chercheur entreprend d'en vérifier cliniquement la justesse.

Ainsi, déjà, et pour nous en tenir à quelques acquis relatifs à la clinique aphasiologique ou à l'interférence des autres plans sur le langage, la mise à l'épreuve des patho-logies culturelles nous confirme-t-elle dans la déconstruc-tion des plans et dans le postulat de la bipolarité humaine. L'aphasie, trouble glossologique de grammaire, n'entraîne pas nécessairement un trouble personnel de la langue (les aphasi-ques communiquent). A l'inverse, le schizophrène, dont le trouble se situe sur le pôle conventionnel de la personne et donc aussi de la langue - il s'approprie une idiomaticité de langue telle qu'il ne peut pas communiquer - maîtrise parfai-tement les facultés langagières. L'idiome du schizophrène témoigne par exemple d'une implacable capacité de déductivité grammaticale morphologique: voir, voyance, voyancique, voyanciquel, voyanciqualité... Néanmoins, une déficience de langue peut avoir des retombées dans le langage, et inver-sement: trouble de langage n'est pas trouble dans le langage. L'aphasique, capable d'adéquation situationnelle (deuxième pôle) et de conformité sociolinguistique (troisième plan), peut - souvent - s'en tirer lorsqu'il est en situation: "Où est mon parapluie ?" dira-t-il au moment de sortir, mais dira n'importe quoi - synonymie sauvage - si vous lui présentez un parapluie hors situation. Un dernier exemple: des tests-pièges ont permis de mettre en évidence que les aphasiques qui ont perdu la capacité de différenciation en identités structurales ne maîtrisent pas non plus l'opération grammaticale de complémentarisation syntaxique (il s'agit des Wernicke sémiologiques). Cela a permis de corroborer la justesse de la définition théorique de la syntaxe: faire régner de l'identité structurale sur de la pluralité de mots, afin d'instaurer entre ces mots une mutuelle complémentarité formelle. Ainsi, ce qui fait accéder les deux mots grammaticaux "Pour les enfants" et "il joue" au statut formel de syntagme "Sujet ^ Verbe", c'est le règne de mêmes choix sur les deux: soit par réitération sémique (congruence de nombre entre le mot nominal et le mot verbal, ce nombre n'étant choisi qu'une fois pour les deux); soit par factorisation (le choix du lexème nominal "les-enfants", valant pour les deux unités, entraîne l'effacement du pronom verbal); soit encore par blocage (choix de la préposition "zéro" dans le mot nominal, choix, lui aussi, fait en fonction des deux unités): $\emptyset$ - le-s-enfant-s ^ $\emptyset$ - jou- ent". Ne peut accéder à la faculté grammaticale de syntaxe que celui qui en possède la source, c'est-à-dire l'identité structurale (ce qui n'est pas le cas des Wernicke sémiologiques !).

Ainsi se justifie, dans le nom du CIGAC, la référence à la clinique. Reste à dire deux mots de son milieu "glossologique" ! Pourquoi cette référence explicite à la glossologie, alors que les autres plans ne sont cités que dans leur globalité "anthropologique" ? Est-ce à insinuer que nous cherchons à privilégier le langage et à nous faire les défenseurs d'une sorte de glossocentrisme ? Il n'en est évidemment rien ! En effet, les raisons de cette insistance sur la glossologie sont purement historiques: c'est que l'élaboration théorique de la médiation humaine, ainsi que les travaux de sa vérification clinique, ont, pour des raisons historiques, le plus progressé sur le plan du langage. Cela explique en outre que l'extension du modèle aux autres plans procède fondamentalement par transfert analogique à partir de la glossologie. Et que la compréhension de la systématique glossologique constitue un atout majeur pour une compréhension féconde des autres plans.

La seule lecture du sommaire de ce premier numéro d'Anthropo-logiques devrait permettre au lecteur de situer les
textes que nous proposons dans l'ensemble des plans et de
leurs bipolarités constitutives: textes généraux d'abord,
interrogeant les fondements d'une anthropologie scientifique
ou la rationalité humaine dans son unité fondamentale; textes
glossologiques, sur des questions de grammaticalité et/ou de
rhétorique, soit dans une perspective théorique fondamentale,
soit au travers des inévitables interférences de langues
historiques; textes aphasiologiques; textes sociologiques,
portant sur les facultés humaines de personne, institution de
spécificités culturelles, divergentes et arbitraires (ego),
et capacité de réinvestissement politique par convergence et
effort de retour à l'universel. Ce qui traverse et unifie
cette diversité, idéologiquement insoutenable, c'est l'existence d'un projet scientifique fondé sur des bases épistémologiques. Ce même principe sera maintenu ultérieurement. Pour
qui a saisi les enjeux et surtout l'essentielle vertu
heuristique de cette approche - féconde en effet d'interroga-
tions nouvelles -, le risque de dispersion est nul. Et les
questions à poser, sur tous les plans, les phénomènes à
réinterroger, tant par la théorie que par la clinique, sont
innombrables...

Les chercheurs qui participent à ce projet ont par
ailleurs conscience des difficultés "conceptuelles" auxquelles peuvent se heurter des lecteurs non (encore) avertis.
Et ce n'est pas, comme on pourrait le croire trop naïvement,
une simple question de technicité terminologique. C'est,
croyons-nous, plus profondément, une question de puissance
imaginative et de pensée. Passer de l'idéologie à l'épistémologie, du positivisme à la prise en compte de la formalisation humaine incorporée, passer d'une clinique pragmatique
à une clinique expérimentale, c'est plus que modifier sans
changer, c'est plus que renverser les rôles, les petits à la
place des grands et inversement, sans changer de système:
c'est proprement... passer à autre chose ! Et c'est là que
réside la seule difficulté: comment entendre l'inouï, sinon
en s'efforçant d'entendre encore, mais autrement ?

Le comité de rédaction de cette collection, et les différents collaborateurs, soucieux de faire "entendre" la fécon-

dité de l'approche anthropologique qu'ils prônent, s'efforceront de prendre ces difficultés conceptuelles en considération, non pas certes en minimisant ou en gommant la coupure épistémologique, mais en s'attachant à l'expliciter. Il s'agit en somme de communiquer, c'est-à-dire de renoncer aux frontières arbitraires de l'altérité constitutive des spécificités historiques (par exemple de "savoir") que chacun s'est appropriées, il s'agit de franchir ces frontières afin de négocier, à partir d'elles, de possibles échanges. Espérons, et souhaitons, que ceux qui nous liront y trouveront une incitation à faire ce même travail personnel de communication.

Adresse de l'auteur:

Avenue Ste-Gertrude 18
B-1348 Louvain-la-Neuve

BCILL 40 : Anthropo-logiques 1 (1988), 15-42

DES CONDITIONS DE POSSIBILITE DES SCIENCES HUMAINES

(TRANSCRIPTION D'UNE TABLE RONDE AVEC JEAN GAGNEPAIN, NAMUR, LE 18 FÉVRIER 1986)[1]

Schotte:

Jean Gagnepain, vous êtes désormais bien connu comme linguiste, mais plus spécifiquement comme promoteur d'une linguistique clinique, comme vous avez choisi de l'appeler, qui ne veut précisément pas être une doctrine ou une école linguistique parmi beaucoup d'autres qui pullulent aujourd'hui. Mais plutôt, comme vous le dites volontiers, une façon nouvelle de penser non seulement le langage mais aussi d'autres phénomènes humains, équivalents à lui selon vos vues. Hors, au fond, de la linguistique, par la clinique, vers les sciences humaines en général, comment votre itinéraire vous a-t-il mené à ce projet ?

Gagnepain:

Eh bien, quand vous parlez d'itinéraire, c'est un bien grand mot. Parce que je l'ai vécu, moi, comme terriblement aléatoire. J'ai commencé par des études de mathématiques, ensuite je suis passé à la philosophie. De là, j'ai fait des lettres classiques, puis j'ai fini par sombrer dans la linguistique. Autrement dit, c'est un parcours qui semblait témoigner autrefois d'une certaine instabilité qu'Edgar Faure appellerait maintenant de la pluridiscipline, mais je n'ai plus l'âge, évidemment, d'avoir concouru dans cette pluri-discipline-là.

---

(1) Transcription réalisée par M. Wilhelm.

Ceci dit, il est évident que ce parcours a influé sur ma manière d'envisager les choses, et que mon passé scientifique m'a fait spécialement souffrir d'un milieu littéraire dont je partageais les intérêts mais qui en traitait, à mon avis, d'une manière tellement désinvolte, voire poétique, que je ne pouvais pas me contenter de l'idée qu'on se faisait des phénomènes de culture, des phénomènes humains et en particulier du langage puisque, à l'époque, et même encore maintenant pour beaucoup, le langage était caractéristique de l'humain. Il m'a donc fallu essayer de déterminer, pour échapper à cette littérarité à laquelle je viens de faire allusion, il m'a donc fallu essayer de trouver une manière de parler moins empiriquement et moins descriptivement du langage. La seule manière que nous ayons trouvée - nous y reviendrons par la suite -, c'est de vérifier cliniquement la dissociation que nous posions. On ne peut plus dorénavant traiter du langage comme en traitait l'instituteur et comme finalement continuent à en traiter les professeurs. Il ne s'agit plus, quand on parle d'analyse, au fond, de privilé-gier la rationalité que l'homme apporte à la description de tous les objets dont il traite. Mais bien de considérer, au contraire, qu'il s'agit en examinant le langage, d'examiner les sources de la rationalité qui permettent à l'homme d'imposer à l'univers une logique et une causalité. Bref, si l'univers implique une logique, implique un déterminisme, c'est parce que finalement nous le causons. Autrement dit, traiter du langage, c'est traiter à mon sens d'une rationa-lité inhérente à l'objet-même décrit lorsqu'il est humain. Et c'est pourquoi, je pense que dans la mesure où nous formali-sons scientifiquement, il s'agit ici, de formaliser du formalisateur. Cela pose donc la spécificité de l'humain dans l'ordre scientifique, si vous voulez. Il fallait donc, absolument, trouver une méthode qui puisse convenir à cette spécificité-là.

Schotte:

Et alors, c'est là en somme que vous en venez à la clini-que et en même temps à la question intéressant les linguistes parmi nous, à ce que vous appelez la glossologie, contre la définition habituelle de la linguistique. René Jongen pourrait nous relancer là-dessus.

Jongen:

Constatons peut-être d'abord que la linguistique, ça existe, qu'elle s'est même constitué un objet scientifique, disons depuis Saussure, depuis le structuralisme. Que dans ses développements ultérieurs, elle a toujours tenté, me semble-t-il, d'élargir son champ de réalité, son champ d'investigation. Par ailleurs, je crois savoir que vous commencez par dire que le phénomène langagier, il s'agit de le déconstruire. Peut-être pourriez-vous préciser un petit peu ces fondements épistémologiques et d'autre part ce travail de déconstruction qui vous conduit à parler non pas de linguistique mais de glossologie, de sociolinguistique, d'ergolinguistique, éventuellement d'axiolinguistique.

Gagnepain:

Bien, alors il est évident que dès qu'on se met à traiter du langage et à en traiter cliniquement, la première chose qui apparaît, c'est que le langage finalement ne peut plus constituer un objet scientifique. Vous dites, au fond, que la linguistique s'est donné un objet. Disons plutôt qu'elle prend l'objet qu'elle est supposée se donner, à savoir le langage, comme un tout, sans s'inquiéter de savoir ce qui précisément le constitue. J'ai commencé de la même manière. Ma formation initiale étant saussurienne, j'ai cru que le langage existait. J'ai pris le langage au sérieux. Et c'est à ce titre-là, dans la mesure où, à Rennes, nous étions absolument contemporains, Sabouraud et moi-même (Sabouraud est professeur de neurologie et moi de linguistique), que nous avons mis en commun nos incompétences. C'est-à-dire, au fond, le peu de neurologie qu'il savait et moi le peu de linguistique que je connaissais. Il n'y avait donc pas entre nous, si vous voulez, cette certitude des gens qui ont longtemps travaillé. Nous n'étions certains de rien, nous espérions tout. Et finalement, en mettant ces incompétences en commun, nous avons fait ce que nous croyons être, non pas ce que d'autres appellent la neurolinguistique, qui est la juxtaposition d'une neurologie et d'une linguistique, mais précisément, une linguistique qui cherchait un mode de

vérification et qui s'adressait pour ça aux neurologues. Et
le neurologue qu'il était, qui voulait sortir de l'intérêt
porté par beaucoup à la sclérose en plaques et s'intéressait
davantage aux fonctions dites supérieures ou mentales, eh
bien ! celui-là cherchait chez le linguiste, mon Dieu !,
quelques idées des phénomènes langagiers qui puissent être
utilisées précisément dans sa neurologie à lui. Nous nous
sommes vite rendus compte finalement que nous ne pouvions pas
nous passer l'un de l'autre et que ce qui se dessinait, ce
n'était pas une neurolinguistique nouvelle mais une linguistique clinique. C'est-à-dire que lui-même, neurologiquement,
ne pouvait plus traiter du langage comme les neurologues dont
vous avez entendu l'autre jour, dans la retransmission de
l'émission sur le cerveau, la débilité concernant précisément
non pas du tout la description du cortex, mais la description
des fonctions supposées du cortex, quand il s'agit du
langage, de la mémoire, etc. Et de même, si vous voulez, il
n'est plus question d'un linguiste qui, ne cherchant pas à ce
moment-là à se vérifier, affirme n'importe quoi sous prétexte
que ça peut passer pour intelligent. Il ne s'agit pas de
faire une description scientifique parce qu'on la croit
intelligente ou rationnelle, il s'agit de trouver véritablement la source de la raison. Cela nous a inévitablement
amenés à comprendre que dans une clinique aphasiologique, ce
qui était en cause, parce qu'un aphasique n'est pas muet,
c'était uniquement la grammaticalité du langage et absolument
pas ce qui concernait l'appareillage qu'on en pouvait faire
au niveau de ce que nous appelons l'écriture, ni non plus le
phénomène de la communication, c'est-à-dire l'emploi que nous
faisons par l'appropriation ou le partage précisément de ce
que nous appelons la langue. Et puis en même temps, ça
n'impliquait absolument aucun trouble au niveau de ce que
nous appelons le cens du discours, c'est-à-dire toutes les
censures, l'ensemble des inhibitions qui pèsent sur le
vouloir dire au niveau même du désir. Autrement dit, le
langage en tant qu'écriture, en tant que langue, en tant que
discours est indemne chez l'aphasique comme le montre précisément l'ensemble des processus de facilitation auxquels les
aphasiques recourent et que justement, dans la clinique même
neurologique, nous laissons imprudemment subsister parce que

c'est une clinique théorique, thérapeutique. Si nous voulons faire des tests cliniquement expérimentaux, il convient d'éliminer tous ces paramètres, c'est-à-dire tout ce qui dans le langage le fait écriture, langue et discours, pour se concentrer d'abord et surtout, parce que c'est définitoire, sur sa grammaticalité. D'où alors l'éclatement du concept de langage, c'est-à-dire que ce que nous prenions pour un objet n'en était pas un mais quatre. Et quand je dis quatre, je suis modeste.

Il nous arrive d'une certaine manière au niveau des sciences humaines ce qui est arrivé dans toutes les sciences. Il a d'abord fallu faire le deuil de l'objet. Selon le type de réalité que lui accorde l'expérience que nous pouvons avoir des situations, il a donc fallu briser cet objet et multiplier au moins par quatre, et donc quadrupler les points de vue, les angles sous lesquels nous apercevions ce qui nous apparaissait être la même réalité.

Envisager le langage comme grammaire, c'est au fond l'objet de ce que nous avons appelé la glossologie. Il est bien évident que le langage est tout autre chose que ça encore, mais de ce point de vue-là, il ressortit à d'autres modèles d'explication, c'est-à-dire à d'autres modalités aussi rationnelles que la rationalité logique que je viens d'évoquer. Mais d'autres modalités, rationalités qui inté-ressent l'acculturation que l'homme fait de sa technique par l'art. C'est-à-dire que, dans la mesure où nous parlons d'art comme modalité rationnelle, nous disons que ça fait l'objet d'une ergologie. Dans la mesure où le langage est écriture, il ressortit à l'ergologie et nous disons qu'à ce moment-là étudier le langage comme écriture, c'est faire de l'ergolin-guistique, c'est-à-dire au total, prendre en compte scienti-fiquement, l'interférence de l'appareillage, de l'outillage sur le signe. Traiter du langage comme nous, c'est précisé-ment prendre en compte le fait que le langage est partie prenante dans une sociologie. Si bien que traiter de l'inter-locution n'est pas traiter de l'allocution, traiter de l'interlocuteur n'est pas traiter du locuteur, et il est à mon sens évident qu'il faut, de la glossologie, détacher une sociolinguistique, c'est-à-dire une science de l'interlocu-tion, une science de la traduction.

Et enfin, dans la mesure où nous prenons le langage comme discours, il ressortit, à mon avis, à cette modalité rationnelle qui fait l'objet de l'axiologie. Nous parlons, à ce moment-là, d'une axiolinguistique. Vous comprenez que la différence entre les autres et nous, c'est que là où ils parlent globalement de linguistique, j'essaie de démêler. Et Chomsky par exemple, avec son échelle de grammaticalité, mélange à la fois notre glossologie et notre sociolinguistique, dans la mesure où il parle d'échelle de grammaticalité où se mêle l'acceptabilité. Eh bien, je crois qu'il faut dissocier là-dedans, dans ce que nous croyons être un seul objet, ce qui fait scientifiquement l'objet de la glossologie et qui n'est pas l'objet de l'ergo-, de la socio- ou de l'axiolinguistique. La linguistique, à ce moment-là, nous pouvons la récupérer, mais comme synthèse claire, enfin j'espère, de tout ce qui concerne le langage, sans pour autant que les interférences, ou les incidences des autres plans, viennent témoigner à l'encontre de ce qui fait sa spécificité, à savoir une théorie correcte de la grammaticalité, et c'est ça la glossologie.

Autrement dit, il va falloir que les gens se spécialisent etc... et que celui qui fait de la glossologie, ne fasse pas de l'ergolinguistique, de la sociolinguistique ou de l'axiolinguistique. Ce n'est pas demain la veille ! Mais il suffisait pour l'instant de constater que la clinique nous avait ouvert ces pistes. C'est-à-dire, au total, cela nous a permis une destruction du langage et la glossologie n'en est qu'une partie, la partie à mon avis essentielle parce qu'elle est définitoire, mais une partie tout de même.

Schotte

Eh bien voilà, je crois, brossé tout le champ que nous avons encore à préciser par nos questions à partir de maintenant. Il faudra certainement revenir à l'un ou l'autre problème particulier de glossologie, c'est-à-dire de linguistique au sens étroit aussi bien que des définitions connexes. Mais peut-être faudrait-il insister pour commencer sur les points méthodologiques généraux.

D'une part vous avez prononcé le mot "dialectique" qui renvoie à la spécificité des phénomènes humains, et d'autre

part, que ces mêmes phénomènes impliquent comme seule vérification expérimentale possible la clinique. Alors je crois
que ce sont ces deux points sur lesquels il faudrait insister
maintenant. Marchal, qu'en pensez-vous ?

Marchal:

Je pense que du point de vue épistémologique, ce sont
deux questions importantes. Du point de vue de la clinique,
il me semble qu'il serait intéressant de vous entendre
justifier le fait que la clinique représente le lieu par
excellence de l'expérimentation des sciences humaines et
d'autre part pour la dialectique, de montrer que cette
dialectique implique un changement radical de méthode. Elle
implique que l'on applique désormais une logique paradoxale
et que l'on ne puisse plus simplement pratiquer l'induction.
Alors, j'aimerais vous entendre sur les deux points.

Gagnepain:

La justification de la vérification clinique, j'ai
commencé à l'introduire tout à l'heure en disant que c'était
ça qui me différenciait de la plupart des autres linguistes.
C'est-à-dire qu'au total, nous n'admettons pas - c'est cela
notre principe - d'autres dissociations que celles qui sont
pathologiquement vérifiables. J'ai dit pourquoi pathologique.
Parce qu'étant donné que le langage est commandé par le
cortex, en particulier la partie gauche du cortex, il est
certain qu'il n'y a pas de trouble aphasique s'il n'y a pas
une quelconque lésion plus ou moins antérieure, plus ou moins
postérieure, c'est-à-dire dans la zone de Broca ou de
Wernicke. Autrement dit, sans atteinte corticale, il n'existe
pas de trouble du langage. Il est donc évident qu'à ce
moment-là, dans la mesure surtout où un aphasique n'est pas
un muet, où un aphasique continue à parler, mais à parler
- pour nous - mal, il est certain qu'à ce moment-là, c'était
l'occasion ou jamais de saisir le lieu de dissociations que
nous n'avions pas créées, que nous ne pouvions pas artifi-
ciellement créer, mais dont nous bénéficions d'une certaine
manière dans la mesure où, à ce moment-là, le langage ne
disparaît pas dans sa totalité. Si la panne était globale, il
faudrait changer de moteur ou de cortex. Mais précisément, la

panne n'est jamais globale, et c'est à ça que nous nous sommes acharnés. C'est-à-dire que nous avons essayé d'envisager à travers les différentes formes d'aphasies, toutes les dissociations possibles des processus sous-jacents à l'expression linguistique. Alors, à ce moment-là, cela a renouvelé à la fois la conception du langage parce que nous cessions d'être des linguistes comme ceux qui, parce que d'origine philosophique, au fond, faisaient de l'analyse un aspect de la capacité humaine de mettre la raison partout. Il est certain que les professeurs de grammaire, de linguistique, etc., essaient de faire une description raisonnée du langage. Mais cette raison était la leur. Il s'agissait de faire apparaître la rationalité inhérente à l'objet que nous décrivons. C'est-à-dire faire des sciences humaines, c'est traiter l'homme selon le fonctionnement qui lui est spécifique. Cela impliquait donc que la formalisation n'était plus l'oeuvre du linguiste mais que la formalisation était dans l'objet. Faire de la linguistique au sens de la glossologie, c'était au fond formaliser deux fois, c'était formaliser le formalisateur, d'où la complication à la fois, mais aussi l'enrichissement profond. Faire une théorie glossologique, ça n'était absolument pas introduire la raison dans le langage, mais faire émerger de manière aussi expérimentale que possible la raison présente dans le langage. Et cette raison se livrait à nous en général sous forme mutilée. Ce qui nous permettait justement au désir de Descartes et de découper la difficulté. Car, encore une fois, selon les types d'aphasie, tout ne disparaît pas à la fois. Cela renouvelait donc la langue; évidemment, ça oblige les linguistes à fréquenter les hôpitaux, les services de neurologie et de psychiatrie, alors que jusque là ils se contentaient de légiférer sur le langage en termes quasi philosophiques.

D'autre part, vous vous rendez bien compte que ça renouvelle également la neurologie. Car le neurologue qui avait jusque là, même s'il n'était plus organiciste et s'il était fonctionnaliste, traité de fonctions comme les agnosies, les apraxies, les asomasies, etc., au-delà même de sa sclérose en plaques et ainsi de suite, dès qu'il voulait traiter des fonctions centrales, c'était de ce niveau-là en des amnésies et ainsi de suite.

Or, il est évident, et il suffit de lire certains travaux, même contemporains, que je ne citerai point, pour se rendre compte qu'ils ont tendance à récupérer quand même l'humain et à essayer de le ramener en nous à ce que nous avons finalement de plus animal. Or, il y a une chose très claire, c'est que si vous admettez que la rationalité soit inhérente à l'objet que nous décrivons, à l'objet humain, cette rationalité, à ce moment-là, nous donne des aptitudes que le chimpanzé n'a point. Ce sont les fameuses fonctions dites supérieures ou mentales. Ici, je parle à ce moment-là, en récupérant un vieux mot qui ne sert plus à rien, je ne parle plus de fonctions mais de facultés. Nous seuls avons ces facultés et ces facultés se ramènent toutes au principe de l'analyse sur lequel nous pouvons revenir tout à l'heure. Mais une analyse qui n'a plus rien de particulièrement grammatical, puisque la même analyse, nous essayons analo-giquement d'en construire le modèle à travers le signe, l'outil, la personne et la norme. Il s'agit de faire une nouvelle neurologie, puisqu'il s'agira d'une neurologie de l'analyse. Il ne s'agit plus à ce moment-là d'une neurologie de fonctions plus ou moins organiques, il s'agit d'une neurologie de fonctions que nous sommes les seuls à détenir. C'est-à-dire une neurologie des fonctions supérieures, une neurologie des facultés. Bref, on renouvelle autant la neurologie que cela renouvelle la linguistique. Et du même coup, ça oblige les neurologues, et donc les linguistes qui participent à cette clinique, à faire aussi une clinique expérimentale, mais une clinique expérimentale que Claude Bernard n'avait pas prévue. La méthode expérimentale si bien exposée par Claude Bernard, cette clinique de la méthode inductive, c'est une clinique qui a été précieuse et qui a construit les sciences dites expérimentales. Mais si l'on veut faire des sciences, elles doivent être expérimentales, toutes. Mais, dans la mesure où, précisément, on introduit dans ces sciences expérimentales un nouvel objet que nous n'avons point créé, mais dont nous respectons la spécificité, il n'est pas concevable que ça ne change pas les méthodes d'approche dites scientifiques. Et il n'est pas normal que ces méthodes restent ce qu'elles étaient tant qu'elles étaient appliquées à simplement du vivant. Alors que ces mêmes méthodes appliquées à l'homme doivent changer aussi la conception de la scientificité. Cela doit changer la mathématique par exemple. Mais, je n'ai rien contre la mathématique, j'adore ça. Mais il est certain que la mathématique appliquée à l'homme doit à ce moment-là aboutir à un renouvellement de la mathématique que des gens comme René Thom ont déjà commencé. Par exemple, la théorie des catastrophes... et ainsi de suite.

Il n'y a pas de raison que la mathématique reste quantitative uniquement. Après tout, elle peut être aussi différentielle et qualitative. D'autre part, en ce qui concerne la méthode expérimentale du clinicien, nous avons l'habitude de chercher au titre de la symptomatologie et de prendre pour des indices, si vous voulez, des données qui se trouvaient effectivement présentes à l'observation. Il est bien évident qu'en ce qui nous concerne, dans la mesure où précisément - et nous reviendrons là-dessus tout à l'heure à propos d'une autre question - la réalité est rationnelle et implique une dialectique, dialectique veut dire contradiction, eh bien ! cette contradiction, dans la mesure où elle est impliquée dans l'objet que nous décrivons, complique le recueil des données. Pourquoi ? Tout simplement parce que ce qui se donne à voir, à savoir le phénomène, nous le verrons probablement dans une autre réponse, est nécessairement en contradiction avec l'instance qui permet dialectiquement de le poser.

Du même coup, on ne peut pas recueillir simplement ce qui se trouve être présent dans l'observation. On est obligé de faire une hypothèse sur l'instance, c'est-à-dire au fond, le processus implicite qui nous permet de fonctionner de cette manière. Et ce qu'on vérifiera chez le malade, c'est la réponse qu'il apportera à l'hypothèse qu'on a formulée sur son cas et à l'aide de laquelle on aura construit des tests qui le piègeront. Le malade qui sera piégé par les tests dont on aura nous-mêmes fait l'hypothèse et qu'on aura déduits de cette hypothèse, si vous voulez. La façon dont il se comportera vis-à-vis de ces tests, précisément, nous montrera qu'il est malade, non pas parce qu'il ne parle pas comme nous, mais parce qu'il est piégé par le modèle d'une grammaticalité pathologique que nous aurons construit et qu'il ne peut pas lui-même contrôler.

Schotte:

Il y a donc un changement total de rapport, en ce sens qu'il faut aller au-delà du simplement donné à première vue. Alors peut-être, pourrait-on insister là-dessus à travers une question posée par un des linguistes parmi nous sur le plan particulier du langage, pour marquer la différence entre l'abord traditionnel et l'abord inspiré à la fois par cette idée dialectique et par la vérification clinique.

Giot:

Oui, c'est à propos de la notion de syntaxe. Je crois qu'il y a des cas d'aphasie qui permettent de remanier le concept et de faire voir que le lieu où le trouble apparaît n'est pas celui de l'instance qui permet de l'interpréter. C'est là le tour paradoxal du modèle.

Gagnepain:

C'est cela, ... alors que ce paradoxe est visible plusieurs fois si vous voulez. Si vous permettez, pour répondre à votre question, je vais reprendre au niveau de la dialectique, parce que je l'ai évoquée, - ce n'est pas que je tienne absolument à la placer, mais c'est nécessaire. C'est un processus complexe, dont l'application au langage nous permet précisément une articulation de la forme et du contenu qui n'était pas saussurienne. Saussure dégageait donc la forme du contenu. Il avait parfaitement raison. Mais ce qui manquait chez lui, à mon avis, c'est l'articulation de l'une à l'autre. Or, cette articulation, que je conçois comme une contradiction, me fait définir le langage à la fois comme grammaire et rhétorique, c'est-à-dire comme un moment d'analyse qui, précisément, crée la forme. Mais la forme n'est rien d'autre que la polarisation structurale du signe. Tandis que le langage lui-même, dans sa totalité, ne peut être pure forme. Cette forme ne permet l'analyse de la représentation que dans la mesure où elle s'y réinvestit. Ce moment de réinvestissement, j'appelle ça la rhétorique.

Cette grammaire et cette rhétorique se trouvent être au fond dans une espèce de contradiction parce que, à part le fait qu'elle évide le sens, la grammaire introduit si pas un non-sens, du moins l'impropriété. Tandis que la rhétorique au contraire corrige cette impropriété qui nous permet de découper le monde pour l'investir et essayer de lui donner un contenu. Rhétoriquement, nous ne poursuivons que la propriété. Si bien qu'au total, vous vous rendez bien compte que quelles que soient les questions envisagées du point de vue de la description, la description est toujours à faire en deux fois; la grammaticalité est une chose, la rhétorique en est une autre. Une autre parce que, au fond, elle réaménage la grammaticalité en en reproduisant tous les caractères mais par réaménagement. C'est-à-dire qu'au fond, la rhétorique est une logique au second degré, dans la mesure où elle corrige par référence une situation d'excès logique de la forme. Donc d'un côté, il faudrait envisager tous les rapports de cette double façon. Les rapports formels sont une chose et nous parlons à ce moment-là, par exemple, de rapport de paradigme dans les rapports de forme, dans le cadre du lexique, ou bien des rapports de syntaxe, de syntagme dans le cadre du texte, c'est-à-dire que dans le lexique, tout n'est pas aussi opposé que par exemple "piano" et "sergent de ville". Et même, "piano" et "sergent de ville" sont des noms masculins. Par conséquent, il y a une rubrique commune qui les encadre, il y a comme on dit une catégorie. Dès qu'il y a catégorisation dans le cadre du lexique, vous avez paradigme. Lorsqu'il y a dans un texte - tous les mots ne se suivent pas comme des crottes de bique le long d'une échelle -, entre certains mots, des rapports plus internes qui les constituent en syntagmes (le syntagme se définissant par des unités liées entre elles et ayant le même rang, au sens mathématique, dans le texte), à ce moment-là, vous avez donc un traitement grammatical du texte qui est le syntagme. Mais ceci, vous l'avez également en rhétorique, dans la mesure où la rhétorique n'est jamais que l'application de la logique à elle-même. C'est une logique qui se corrige, non plus par incidence à la structure mais par référence à la situation, par référence à la chose à dire. Bref, pour moi, je ne parle jamais de référent, je dis que le signe - à la différence du signe saussurien qui se définit par son appartenance formelle - j'y inclus à la fois l'incidence à la structure qui le formalise et la référence à la situation qui nous permet logiquement, mais au second degré, de fabriquer du concept, le concept n'étant jamais en coïncidence avec la chose. Le concept, pour moi, fait donc intégralement partie du signe mais dialectiquement. C'est-à-dire qu'il est en contradiction avec l'incidence formelle.

Incidence formelle, référence situationnelle, si vous voulez, cette contradiction-là, elle se manifeste par le fait que la rhétorique présentera la même chose. Dans ce que j'appelle non plus le lexique, mais le vocabulaire, vous pouvez établir des rapports; c'est ce que l'on appelle le champ conceptuel, au sens d'autrefois de Trier, comme le champ des couleurs, des fleurs, des fruits, tout ce que vous voulez.

Vous pouvez avoir dans l'autre axe, au niveau de la phrase, des rapports qui sont des rapports d'expansion. Mais ces rapports d'expansion, c'est au fond une syntaxe rhétorique. Mais, ce qui est très curieux en aphasiologie, c'est que le malade qui perd le syntagme ou qui perd le paradigme selon les types (je ne vais pas faire le détail de la cuisine, mais on peut perdre le paradigme sans perdre le syntagme et l'inverse), ce malade-là ne perd pas pour autant l'aptitude rhétorique. Autrement dit, il continue à avoir un langage en situation. D'où ce qu'on racontait autrefois: la dissociation automatico-volontaire. En situation, il se peut que son langage soit opportun, mais immédiatement hors situation, il ne peut plus dire le mot. Si vous dites "crayon", vous lui dites "qu'est-ce que c'est ?"; il est incapable de le dire, etc. Eh bien, le malade reste capable, même quand il perd le paradigme, de champ conceptuel. Même quand il perd le syntagme, il reste capable d'expansion.

Un exemple pour simplifier les choses. Quand autrefois on nous disait "l'adjectif" par exemple; dans une analyse faite par l'instituteur, on parlait d'adjectif sans se rendre compte que parler d'adjectif, c'était, au fond, impliquer un fonctionnement syntaxique, puisqu'après tout, l'adjectif supposait une base, un substantif quelconque auquel on le raccrochait. Et puis, ensuite, il fallait absolument exprimer sa fonction, c'est-à-dire à quoi il se rapportait. Si vous prenez par exemple "la maîtresse d'école enrhumée" ou quelque chose d'autre comme "un cube de bois blanc", est-ce le cube ou est-ce le bois ? Pour faire comme Sarah Bernard, un cercueil de bois blanc, est-ce le cercueil ou est-ce le bois qui est blanc ? Syntaxiquement, ce que vous savez, c'est que c'est blanc, parce que pas blanche.

Si vous dites "une boîte de fer blanc", qu'est-ce qui est blanc ? Le fer. Parce que blanc est masculin et qu'il ne renvoie qu'à du masculin. Mais quand par un manque de chance, les deux mots d'avant sont masculins comme dans le cercueil de bois blanc, qu'est-ce qui est blanc, c'est le cercueil ou le bois; la syntaxe vous laisse en panne, ce n'est plus qu'une affaire d'expansion rhétorique. Si bien qu'on peut trouver des enfants n'ayant aucune expérience et ne sachant pas que le bois blanc, ça existe, en raison d'une certaine acceptabilité et dont nous parlerons peut-être tout à l'heure, eh bien ! à ce moment-là, les enfants peuvent très bien raccorder au cercueil plutôt qu'au bois. Si vous parlez par exemple dans les termes qui nous sont plus familiers, ... Un jour, un journaliste à la radio parlait de "la maison ... de la culture de Rennes". "La maison ... de la culture de Rennes", ça a fait rire toute la Bretagne. Non pas qu'on imagine que Rennes ne soit pas cultivée, mais enfin, la culture ne nous est pas propre à ce point-là. Autrement dit, il aurait fallu qu'il coupe "La maison de la culture ... de Rennes". Mais du point de vue de la syntaxe, c'est absolument équivalent. On peut couper n'importe où, c'est toujours grammatical. Mais ce n'est pas nécessairement correct du point de vue rhétorique. Donc, vous voyez où je veux en venir. C'est que dans la mesure où le malade perd la grammaticalité sans perdre la rhétorique, eh bien !, il est aidé, souvent, en situation, par la rhétorique qu'il conserve. C'est-à-dire que des expansions très familières lui faciliteront la besogne. Il se trompera moins quand les termes seront d'un même champ conceptuel, etc., etc. Voilà un mode de facilitation qui tient bien au langage lui-même, mais au langage en tant que référence, c'est-à-dire en tant qu'il s'applique à la situation. Et alors, pour en terminer là, mais comme c'est de glossologie dont il s'agit, je parle davantage du coeur. En ce qui concerne le paradigme et le syntagme, une des choses que nous a appris la clinique aphasiologique, c'est que si le paradoxe est à situer comme nous l'attendions, nous, par rapport au lexique, autrefois dans une grammaire taxinomique comme disent les générativistes, la morphologie, la paradigmatique se situent dans l'axe du lexique. En fait, ce que nous avons pu constater, c'est que la paradigmatique ne persiste que chez ceux qui ont un trouble du lexique.

Quand un aphasique dit de Wernicke, c'est-à-dire un aphasique taxinomique, un aphasique qui ne peut plus différencier les items, est complètement sous le coup de son ictus, il jargonne. Pourquoi ? Parce qu'il paradigmatise tout. Autrement dit, ce paradigme est conditionné par la capacité qu'il conserve de segmenter des unités dans le texte, d'où le jargon.

Et inversement, le syntagme qui a l'air de se situer dans le cadre du texte n'est jamais, comme l'avaient vu les vieux grammairiens, qui parlaient du régime, que la projection d'un choix lexical dans un ensemble d'unités qui se trouve être régi par le fait qu'une même valeur s'y maintient à travers la pluralité des unités. A ce moment-là, cela constitue le syntagme et je vous dirais d'une manière très curieuse, que le syntagme à ce moment-là, résiste chez le malade qu'on appelle le malade de Broca qui, lui, maintient une capacité taxinomique mais qui perd la capacité de segmenter son texte en mot, c'est-à-dire la capacité générative.

Bref, le Wernicke est un monstre paradigmatique, ce qui fait toutes les paraphasies, etc. et le jargon à la limite. Et le Broca est un monstre syntaxique. Alors que syntaxiquement le Wernicke est plein d'incohérence, alors qu'il ne cesse de parler. L'autre qui ne parle pas, pousse la syntaxe à son point culminant comme l'adultère chez Brasseur, c'est-à-dire qu'en fait il pousse la syntaxe à un tel point qu'il ne peut plus décoller. Il accorde tout. Il accorde tellement que ça va jusqu'à la persévération et même à la limite à la stéréotypie. Voilà des petites choses, mais qui sont finalement fondamentales et qu'on n'aurait jamais pu inventer sans le malade.

A ce moment-là, vous comprenez que des méthodes comme Chomsky, qui sont magnifiques, qui sont intelligentes, qui marchent donc très bien pour l'ordinateur, parce que l'ordinateur, nous lui avons donné notre visage et notre mode de fonctionnement; finalement, eh bien !, en ce qui concerne l'homme, cela ne colle absolument pas. Et pourquoi ? Parce que, quand il nous déclare: "La linguistique, qui était taxinomique, va devenir générative" etc., c'est pour linguistes non retraités. La preuve, dans le langage, si vous n'avez pas à la fois de la taxinomie et de la générativité, ça ne marche pas; et quand vous conservez la taxinomie et que vous n'avez pas la générativité, ça ne marche pas. Et quand vous conservez la générativité et que vous n'avez pas la taxinomie, ça vous intoxique, ça vous fait jargonner. Et quand vous n'avez plus la générativité et que vous gardez la taxinomie, ça vous intoxique et ça vous fait persévérer. Bref, vous vous rendez compte, à ce moment-là, ça rend le linguiste modeste, car ce n'est pas à lui d'inventer ce qu'il a à décrire. Pas plus que le météorologiste regarde le temps qu'il va faire, il ne peut, hélas !, supprimer le parapluie. Il est bien évident qu'il doit, à ce moment-là, se soumettre à ce qu'il observe. Eh bien nous aussi.

Schotte:

Vous avez eu, je crois maintenant, suffisamment d'occasions de parler de votre domaine d'origine, devenu par vos soins la glossologie, pour qu'il soit temps que nous consacrions maintenant notre attention à ce que vous appelez les autres plans, dont les phénomènes humains sont équivalents au langage et qui font désormais, à part égale avec lui, l'objet de vos soins.

Alors, je crois qu'il y a plusieurs questions qui se posent là, aussi bien quant à la teneur et à la nature de ces phénomènes que quant à la méthode générale qui permet de les aborder et je vais demander à Regnier Pirard et Damien Huvelle de les poser.

Pirard:

Oui, vous évoquiez tout à l'heure la nécessité de déconstruire l'homme, qu'on ne peut plus considérer avec un grand "H", et vous le répartissiez en quelque sorte sur différents plans de ses activités rationnelles. Vous vous référez pour cette déconstruction, en quelque sorte, du sujet humain, à quelques travaux illustres, ceux de Saussure que vous avez évoqués tout à l'heure, ceux de Marx aussi qui introduisent la dialectique et ceux de Freud. Cela suscite une question, me semble-t-il, parce que dans l'oeuvre de Freud, on trouve une perspective génétique, une perspective développementale, et les quatre plans que vous étalez ne marchent pas nécessairement au signe, à l'outil, à la personne et à la norme au même moment.

Alors, comment est-ce que vous expliquez cette sorte de discordance, de disharmonie, dans les différents plans où se manifeste la rationalité de l'homme ?

Schotte:

Alors qu'en même temps, il y a aussi des analogies qui sont aussi importantes, Huvelle ?

Huvelle:

Au niveau épistémologique, vous prônez le processus d'analogie; nous savons que vous êtes parti de la linguistique que vous appelez glossologie du langage à proprement parler, et qu'analogiquement alors, vous développez un modèle propre à chaque plan. Je me pose la question: est-ce qu'il n'y a pas un risque là de vouloir forcer dans les catégories du premier modèle, les réalités propres aux autres plans ? Et je crois savoir que loin de se vouloir modélisateur, de se vouloir figeant, votre processus, votre principe d'analogie se veut dynamique et hypothétique. Alors, j'aimerais vous entendre développer ces différents points.

Gagnepain:

Alors bon, eh bien !, vous parlez de risque mon bon ami... Oui, c'est vrai, c'est un risque que j'assume; il n'y a pas de théorie qui ne force un peu les faits. Vous savez, dans la mesure d'abord où elle les crée. C'est-à-dire qu'au total, il ne faut pas se figurer que les faits soient préalables à la visée théorique qui permet de les poser. En général, quand on a l'impression d'avoir des certitudes, il s'agit toujours comme disait Bachelard, d'un savoir endormi. C'est-à-dire qu'au total, ce que nous prenons pour des faits, ce sont d'anciennes certitudes fabriquées en fonction de théories oubliées; ceci dit, ce n'est pas du tout pour prêcher le bien-fondé d'une circularité quelconque. Mais je vais répondre à l'ensemble des questions qui m'ont été posées là par Regnier et par vous.

Il est certain que la déconstruction à laquelle nous nous sommes livrés à propos du langage faisait, d'abord, que nous avions l'idée de séparer le langage des phénomènes qui interféraient avec lui, sans lui être spécifiques. C'est-à-dire que, historiquement, cela a commencé par l'écriture. Je ne vais pas en parler trop longtemps puisque nous devons en parler tout à l'heure, mais l'écriture nous posait des problèmes dans la mesure où en général, le rapport de l'aphasique au graphisme confirmait le diagnostic, le type d'aphasie dans lequel nous avions rangé le malade. Mais il y avait des cas aussi où, précisément, ça infirmait complètement la validité de nos tableaux. De deux choses l'une, ou nous nous étions trompés dans les tableaux, ou alors, eh bien !, il fallait à ce moment-là séparer l'écriture du langage; c'est ce qu'après deux ans, nous nous sommes résignés à faire. Mais du même coup, il n'y avait aucune raison d'isoler l'écriture de tout, puisque le rapport de l'écriture au langage à ce moment-là cessait d'être définitoire du graphisme. Cela nous est apparu, je vous dis ça rapidement, un cas particulier précisément de ce que nous appelons l'application industrielle d'une rationalité technique. Au total, en dehors des cas où vous avez, comme disent les neurologues, des alexies sans agraphies et des agraphies sans alexies, nous avons pu mettre en évidence, cliniquement, l'existence de ce que nous appelons une atechnie, c'est-à-dire au total, d'un trouble de l'écriture qui n'affecte l'écriture que par répercussion et qui engage en même temps le rapport du malade à ses vêtements, le rapport du malade à sa manière de se diriger dans l'établissement, etc., etc. Bref, au fond, le rapport du malade à n'importe quel type d'outillage.

C'est-à-dire qu'à ce moment-là, nous avons fait apparaître ce que nous appelons des atechnies et qui étaient avant rangées sous des catégories comme l'apraxie aléatoire, etc., qui avaient été épouvantablement mal définies, voire les apraxies de l'habillage et du déshabillage, parce que c'était le seul appareillage auquel le neurologue se trouvait confronté quand il disait "déshabillez-vous !", "rhabillez-vous !". Si quelqu'un mettait ses boutons de travers, immédiatement, dans cette aire de soupçon qu'était le cabinet du neurologue, il y avait forcément soupçon d'une apraxie de déshabillage. Mais que voulez-vous faire dans un cabinet de neurologue si ce n'est se déshabiller et se rhabiller ?

Bon, ceci dit, nous avons pu mettre en évidence quelque chose d'autre qui ressortissait à la capacité qu'à l'homme, si vous voulez, d'appareiller son activité. Capacité que n'a pas l'animal. Nous nous sommes dit: "ça doit donc ressortir à son aptitude propre, c'est-à-dire finalement à sa rationalité", et nous nous sommes dit: "après tout, pourquoi ne pas constituer un modèle du travail, comme le modèle que nous avions élaboré pour la pensée". Bref, un modèle du langage qui est au fond la condition humaine de la pensée, comme un modèle de l'art, qui est au fond la condition-même du travail. Bref, nous avons constitué un modèle, que nous avons appelé le modèle de la rationalité, non plus logique, mais technique.

Sur ce plan-là, vous parliez tout à l'heure de Marx et de Freud; évidemment, ça commence avec nos autres plans, parce que c'est un plan, j'allais dire, absolument vierge car, étant donné que c'est le plan de l'art et du travail, tout le monde, à la limite, s'en fout. C'est-à-dire que les intellectuels étant des gens qui, de toute façon, ne se promeuvent qu'à condition de ne pas travailler, eh bien !, automatiquement, tout le monde s'est désintéressé de l'art au sens où je l'entends, c'est-à-dire de l'artisanat, du travail, bref le mien a toujours paru quelque chose d'inférieur. Or, prenez toutes les théories de l'évolution; on nous dit que l'homo faber était là avant l'homo sapiens, l'homo sapiens étant le culmen de la chose. C'est-à-dire qu'au total, la main de l'homme n'étant pas une patte, nous avons posé un modèle de la rationalité technique. Il est certain que nous l'avons posé à l'aide de ce que vous appelez le principe d'analogie. Pourquoi ? Ce principe d'analogie peut avoir l'air d'une facilitation puisque au fond, nous construisons le modèle d'une manière absolument systématique par rapport à celui qui l'a précédé. C'est un postulat épistémologique, c'est une évidence; seulement, ce n'est pas la facilitation à laquelle vous pouvez penser, dans la mesure où si, grâce à ce modèle, nous découvrons des pistes, nous pouvons formuler des hypothèses auxquelles nous n'avions pas songé dans le plan antérieur, nous sommes obligés de revenir sur le plan antérieur pour le corriger en fonction de celui-là. Dans la mesure où le seul postulat épistémologique que nous ayons, c'est au fond que l'ensemble de la culture constitue un ordre au sens Pascalien. C'est-à-dire, au total, que, quelle que soit la modalité rationnelle sous laquelle on envisage l'humain, si vous voulez, il doit y avoir des processus sous-jacents parfaitement identiques, qui sont ces processus d'analyse et cette dialectique dont nous avons antérieurement parlé. Voilà pour le second modèle.

J'en arrive tout de suite aux deux autres qui retournent au premier, et c'est tout à fait légitime parce que là, justement, pour ces deux autres plans, nous sommes confrontés, à la différence du second, avec toutes les théories qui en ont précédemment parlé. C'est-à-dire qu'en principe, si vous voulez, quand nous avons été obligés de séparer la langue du langage, c'est-à-dire au total, les phénomènes d'interlocution des phénomènes de locution, eh bien ! il fallait bien essayer de traiter cette manière d'envisager le langage et nous ne pouvions pas plus l'isoler que nous le faisions de l'écriture. Et nous nous sommes bien rendu compte, à ce moment-là, qu'à partir du moment où nous séparions l'interlocution de l'allocution, c'était finalement tout le problème de l'interaction, tout le problème de l'ensemble des contacts humains etc. qui se trouvait, si vous voulez, mis en cause. Et c'est pour ça que nous nous sommes dit, à la différence de beaucoup d'autres linguistes, qui ne s'occupent pas du sujet parlant, que dans la mesure où nous nous intéressons au sujet parlant (ce n'est pas le sujet à vrai dire, qui est en cause; c'est la personne, la personne qui, par l'émergence à l'égo, constitue l'autre, et par conséquent instaure un rapport dialectique qui constitue le social et qui est distinct précisément de ce rapport de corps qui n'est qu'une interaction logique), nous avons là, au fond, la possibilité de faire un modèle du social, c'est-à-dire finalement, non plus un modèle de la pensée et du travail, mais un modèle de l'histoire. Du même coup, vous vous rendez bien compte que se jetant dans un modèle de l'histoire, c'est-à-dire finalement dans un modèle de l'échange social dont l'interlocution n'est qu'un aspect particulier, et qui n'est jamais au fond que la répercussion de ce plan de l'échange sur le verbal qui analyse l'information, eh bien !, dans ce traitement de l'échange, nous rencontrions toutes les sociologies et en particulier la seule à mon sens qui ait traité de l'homme en termes de science humaine, bien que je n'en accepte pas tous les préjugés, à savoir la sociologie marxiste, c'est-à-dire au total le matérialisme historique. Je ne parle pas du matérialisme dialectique qui étend la dialectique à l'ensemble de l'univers, ce que je n'admets point.

Ceci dit, cette conception de l'histoire qui met le conflit au centre de l'humain, nous a permis d'élaborer un modèle de la personne qui est un modèle également dialectique, dans la mesure où la personne est le lieu de contradiction d'une divergence et d'une convergence, de ce que nous appelons une ethnique, et non plus une logique ou une technique, et une politique. La politique étant le moment de réaménagement d'une ethnique qui nous singularise dans le cadre de l'espèce. C'est-à-dire, qu'au total, la dispersion de l'humain en sociétés m'apparaît comme le résultat d'une analyse. Alors il est certain que là aussi le modèle de la personne comme instituant et institué s'est trouvé conçu par analogie sur le modèle de l'outil avec le fabriquant et le fabriqué, sur le modèle du signe avec le signifiant et le signifié. Mais ceci dit, cela nous a fait apparaître une différence énorme: c'est que la différence de la nature et de la culture, qu'en somme nous essayons de cerner et qui apparaissait dans le premier plan comme une différence entre la gnosie perceptive, la gestaltisation et la structuration formalisante du signe, et qui nous est apparue également au second plan comme différence entre une gestaltisation praxique de l'activité et une structuration formalisante due à l'outil, eh bien ! cette fois nous avons essayé de saisir la différence entre la gestaltisation somatique d'un sujet, et donc biologique d'un sujet, et précisément l'instance formalisante et la dialectique de la personne. Elle nous fait échapper à l'ordre du sujet qui, lui, est enfermé biologiquement du point de vue de notre être parce qu'il est vivant, dans le devenir animal, si bien qu'au total, en ce qui nous concerne, je pense que l'évolution, la genèse, c'est un phénomène auquel nous n'échappons pas. Nous naissons, nous mourons, et comme disait le cantique, autrefois, que je chantais dans mon enfance, nous ne naissons que pour mourir. On était poliment maso.

Ceci dit, cette genèse, si vous voulez, à laquelle on s'est tant attaché, pour expliquer l'homme, c'est un reste du XIXème siècle. Parce que dans la mesure où pour l'ensemble de la nature, on avait déjà fait (c'est ça qui a fait les sciences naturelles) une explication par modèle, en ce qui concernait l'homme, on refusait de l'expliquer par modèle. Comme il était le roi de la création, c'était presque un blasphème de type philosophique ou théologique, si vous voulez, que de le traiter comme le reste. A ce moment-là, le respect humain imposait qu'on le traitât uniquement en termes d'histoire. C'est-à-dire, au total, par origine. Mais à partir du moment où vous acceptez que la personne, parce qu'elle est l'instance qui la différencie de l'individu animal, eh bien ! quand vous acceptez que la personne elle-même soit principe d'origination, pour parler comme Lacan, à ce moment-là, la genèse reste animale, mais vous émergez à l'histoire. L'histoire n'est pas une genèse, elle a la genèse comme condition. La genèse ne peut pas être explicative de l'homme et c'est une différence avec Piaget. La genèse ne peut pas être explicative de l'homme, elle est la condition de l'humain. Mais il n'y a humain qu'à partir du moment où nous acculturons la genèse en histoire. C'est-à-dire que nous lui donnons cette permanence qu'on a désespérément cherchée en essayant, si vous voulez, de trouver ce principe d'origination, cette unité permettant d'expliquer le changement. Car il faut bien un substrat au changement. On a cherché ça dans l'atome, on a cherché ça dans l'individu, dans la cellule, c'était déjà un peu plus vrai. En fait, ce principe d'unité qui subsiste au changement, aux modifications pour parler comme Butor, eh bien ! ce principe-là, il est dans la personne. Par conséquent, même l'atome est anthropomorphisme. Car comme le montrait la théorie de la relativité, il n'y a rien de constant dans la matérialité. Autrement dit, la constance, c'est en nous que nous en tenons le principe, parce que nous, nous sommes dans l'histoire où l'animal n'est pas. Nous partageons la genèse, tandis que nous avons, nous, émergé à l'histoire.

Et pour en revenir rapidement - je groupe les deux questions en une - à l'autre plan, le plan du désir, etc., il est
certain qu'à ce moment-là, nous nous sommes rendu compte que
nous n'épuisions pas le langage en parlant du signe, de
l'outil qui permettait de l'appareiller graphiquement, de la
personne qui nous permettait cette appropriation du langage
qui en fait de la langue, historiquement parlant. Nous nous
sommes rendu compte que le vouloir-dire n'était pas épuisé,
parce qu'il restait justement l'intentionnalité. Il restait
justement ce désir de dire qui fait que précisément ce
désir-là, comme tout désir humain, dans la mesure où il
émerge au rationnel, il n'émerge pas, si vous voulez, à un
respect du tabou, à un respect de la censure, etc., qui nous
rend nécessairement maso. Mais il nous permet d'accéder par
une espèce d'auto-frustration, précisément, à un autre
plaisir. Il ne s'agit pas de masochisme, il s'agit d'accéder
à un autre plaisir, c'est-à-dire un plaisir qui trouve dans
son autocontrôle, précisément, la source de sa satisfaction.
A ce moment-là, ce qui est créé du point de vue général du
désir, se trouve être également vrai du langage dans la
mesure où le désir recoupe le langage dans ce que nous
appelons l'axiolinguistique. Et ça en fait à ce moment-là un
discours. Il est bien évident que c'est sur ce plan-là que
nous rejoignons les analystes avec lesquels nous n'avons pas
de contradictions majeures sinon que précisément - mais
j'imagine qu'on en reparlera un peu tout à l'heure - à mon
avis, la différence entre eux et nous, c'est que avec leur
histoire de signifiant, avec leur histoire de surmoi,
d'introjection d'un surmoi, de censure comme introjectée et
ainsi de suite, le nom du père, la loi, etc., j'ai l'impression que dans l'analyse, traditionnellement, deux de mes
plans, les plans 3 et 4, se trouvent être indûment confondus.
D'autre part, dans la mesure où précisément le langage, si
vous voulez, se trouve également servir, depuis Freud,
traditionnellement, de révélateur du désir, eh bien !, il est
évident qu'à ce moment-là, j'ai l'impression qu'avec leur
histoire de signifiant, ils ont exagéré l'importance du
verbal. Mais ce que Lacan dit du signifiant, je suis à peu
près d'accord avec cela. A condition de ne plus employer ce
mot-là et de le réserver aux linguistes, de faire de la

linguisterie comme il dit. Et pourquoi pas. Après tout, si vous voulez découvrir dans ce cadre du discours dont j'offre la perspective, quelque chose qui permettrait certainement aux analystes de mieux comprendre ce qu'ils peuvent tirer des linguistes...

Schotte:

Eh bien, après toutes ces précisions sur les différents plans des phénomènes humains nouvellement répartis, je crois que, le moment s'approchant de conclure, il est bon de revenir à quelques questions de portée générale, je dirais groupées autour de trois mots: philosophie, épistémologie, sciences humaines. Philosophie d'abord. Assez facilement, on a parfois l'impression que vous avez une sorte d'affect anti-philosophique, alors vous pourriez peut-être vous expliquer là-dessus. D'autre part, vous insistez beaucoup, positivement, sur le terme épistémologie. Et notamment contre l'idéologie et d'autres façons de faire de la philosophie. Et enfin, on revient au terme de sciences humaines; vous dites que nous sommes, au fond, peut-être des précurseurs seulement de ces sciences. Comment voyez-vous leur développement en rapport avec cette épistémologie et une démarche philosophique ?

Gagnepain:

Bien. En ce qui concerne le rapport des sciences humaines telles que je les conçois, du moins avec la philosophie, il est bien évident que les sciences humaines n'échappent pas au destin commun des sciences. C'est-à-dire qu'elles se constituent, au fond, autour du seul domaine qui s'intéresse véritablement à l'homme et au savoir de manière plus générale, à savoir la philosophie. La plupart des sciences sont nées de la résorption de cette nébuleuse. Pensez à Bacon par exemple, à la philosophie a naturalis, etc. On assiste depuis la Renaissance à un détachement progressif des différentes spécialités. Que ce soit d'abord la mathématique etc. Mais quelqu'un comme Leibniz était aussi philosophe que mathématicien et ainsi de suite. Pascal de même. Ensuite, on voit naître progressivement la physique, la chimie avec Lavoisier etc., au XIXème siècle la sociologie, la psychologie. Au philosophe il restait finalement les mots, c'est-à-dire au total le langage. Le langage leur a échappé depuis Saussure, depuis Bloomfield, etc. Le langage leur échappe avec la linguistique. Et puis, la linguistique comparée qu'il ne faut tout de même pas oublier. Le langage leur échappe avec la linguistique. A ce moment-là, il ne leur reste vraiment pas grand chose. Et d'ailleurs, historiquement, vous vous rendez bien compte que la plupart des enseignements de philosophie, maintenant, ne pratiquent plus que la logique formelle. C'est-à-dire, finalement, ils tentent de se rapprocher de plus en plus du métalangage des mathématiciens. Et puis, d'autre part vers l'épistémologie, c'est-à-dire à ce moment-là, ils tentent de faire, au fond, la science du savoir des autres, plutôt que de savoir eux-mêmes.

Il y a même beaucoup de philosophes qui font l'historique de la pensée des autres parce qu'ils prennent la pensée pour la grippe. Ils ne veulent surtout pas l'attraper. Je n'ai rien contre les philosophes. Ma première formation, comme je vous le disais, avec les mathématiques, c'était la philosophie; par conséquent, j'adore ça. Mais je crois que la philosophie doit suivre le mouvement, elle changera. Les sciences, au fond, tout en la réduisant, tout en faisant historiquement à ses dépens, de toute façon, n'épuiseront pas le sujet parce que, si les sciences déconstruisent, il faut bien un lieu de synthèse. Ce lieu de synthèse sera la nouvelle philosophie. Il n'est pas question donc de tuer les philosophes. Mais il est question précisément de les contraindre à changer. C'est-à-dire, au lieu d'être des conservateurs du savoir, d'être ceux qui le prennent en charge dans sa totalité pour lui donner sens en fonction de l'époque dans laquelle historiquement nous vivons, à ce moment-là, le philosophe, à mon avis, a un rôle énorme, a un rôle crucial. Il est celui qui fait la synthèse du savoir des autres, qui leur donne au fond une signification et qui assure une espèce de sens, précisément, de cette histoire qu'est l'histoire du savoir. Et ça permet à ce moment-là, d'embrayer sur l'épistémologie dont je parle d'une manière qui ne plairait pas à certains épistémologues. Cette épistémologie, qu'est-ce que c'est ? A mon avis, l'épistémologie, dans la mesure où le savoir ressortit par la langue et dans le cadre de la langue, en tant que ce que j'appelle doxa, ressortit à l'appropriation que nous faisons de l'information, eh bien !, cette information, parce qu'elle est historique et qu'elle entre dans la dialectique ethnico-politique, se trouve être à ce moment-là insérée dans le mouvement général de la politique. Or, la politique, traditionnellement, se divise comme chacun sait, en politique de gauche ou de droite. Dit comme ça, c'est idiot. Mais dans le mesure où précisément, jamais l'ethnie ne coïncide avec l'espèce, comme l'homme ne renonce pas, malgré tout, à rejoindre la totalité de l'humain, bien qu'en fait par la personne, il le singularise - exactement comme du point de vue du langage, l'homme ne peut pas résister au besoin de dire le monde alors qu'en fait, grammaticalement, d'une certaine manière, il le fait par l'impropriété - eh bien, par la personne, nous nous singularisons dans l'espèce. Mais nous ne pouvons pas dialectiquement cesser de nous y réinvestir et de viser à l'humain.

La politique consistera à ce moment-là, soit à agir sur l'ensemble de l'humanité pour la faire pénétrer dans les limites de notre ethnie - c'est une politique que j'appelle anallactique, il s'agit de changer l'autre pour le ramener à soi-même, puisque l'autre n'est reconnu comme homme que s'il porte nos traits -, ou bien, inversement, on agit sur l'ethnie dont on tente de démolir les frontières pour l'étendre à la totalité de l'humain. C'est ce que j'appelle la politique synallactique. Il y a deux manières de marcher à la même vitesse que le train: ou bien alors de l'arrêter, ou bien d'aller dans un train qui marche exactement à la même vitesse. Dans les deux cas, nous serons en synchronie. Bref, que la politique soit anallactique ou synallactique, c'est valable également au niveau du savoir. Il y a une politique conservatrice du savoir, c'est ce que j'appelle l'idéologie. L'idéologie, c'est ce qui caractérise la plupart des épistémologues. C'est-à-dire qu'au fond, le savoir, pour eux, ne leur apparaît sérieux que dans la mesure où il est antérieur, où il est certain parce que simplement savoir (comme disait Bachelard) "endormi". En fait, l'épistémologie, à mon avis, correspond à l'autre politique du savoir, à savoir une politique non pas conservatrice mais progressiste. C'est-à-dire un savoir ouvert, un savoir suggestif, un savoir qui précisément à ce moment-là, parce qu'il raisonne sur lui-même et

qu'il s'adapte au temps, si vous voulez, se trouve être en
pleine prise sur l'histoire. Il ne s'agit plus à ce moment-là
d'agir sur l'espèce pour la faire entrer dans l'ethnie, mais
sur l'ethnie pour l'étendre aux limites de l'espèce. Eh
bien !, en ce qui concerne le savoir, au lieu de restreindre
le savoir aux disciplines connues, il s'agit, à ce moment-là,
de faire du savoir, essentiellement, une indiscipline - vous
direz que ça correspond à mon tempérament - ou une insolence
au sens strict du terme. Après tout, solere, en latin, veut
dire s'accoutumer; l'insolence, c'est le contraire. L'épistémologie, à mon avis, au niveau du savoir, c'est l'indiscipline par excellence. C'est-à-dire : ce qui remet en cause,
en permanence, la délimitation des disciplines. Or, c'est ça
qui est le plus difficile à vivre et, à mon avis, c'est ça la
révolution des universitaires. Beaucoup d'universitaires
croient faire de la politique en adhérant à des syndicats, à
des mouvements politiques extérieurs au savoir. A vrai dire,
c'est un alibi. La politique de l'universitaire, parce qu'il
est dans le monde du savoir, c'est de contribuer épistémologiquement à le transformer, c'est-à-dire à agir sur lui,
c'est-à-dire à pratiquer cette indiscipline qui, à ce
moment-là, oblige à la redistribution générale du savoir. On
dit en général de moi, par exemple, que je me mêle du travail
des autres. Je ne vois pas ce qui le spécifie. Je n'admets
absolument pas les frontières qu'ils se donnent. Je leur
permets très bien de parler du langage, moi, je me permets de
parler et de la société, et de la morale, etc. Pour la bonne
raison que ce que j'essaie d'apporter, c'est un nouveau mode
de pensée. C'est-à-dire au total une épistémologie qui n'a
rien à voir avec cette idéologie profondément conservatrice à
laquelle nous condamne le système universitaire. Et quant à
l'avenir des sciences de l'homme, je considère que ce que je
fais moi, si vous voulez, c'est au fond simplement ménager
une rupture. C'est-à-dire qu'historiquement, je crois qu'il
était urgent d'oser rompre avec une tradition qui, en fait,
nous abêtissait, nous détournait de deux manières de la
scientificité correcte en ce qui concerne l'homme. Parce que
la plupart du temps, on va chercher le modèle de la science,
qu'on confond avec ce que cela nous permettait scientifiquement de faire des objets qu'on avait soumis à cette

scientificité-là. D'où, alors, une importance considérable des sciences naturelles dans les méthodes d'apprentissage par exemple, c'est clair. Et dans la plupart des applications à l'homme, on se sert des modèles antérieurement développés par les sciences naturelles. Ou bien, alors, si vous voulez, et pour l'homme par exemple, même des modèles de type ethnologique, etc. Ou alors, on se sert pour expliquer l'homme de modèles que l'homme lui-même peut produire, c'est-à-dire finalement de ce qu'il fabrique pour l'ordinateur, etc.

On explique l'homme, ou par son en-deçà, l'animal, ou par son au-delà, c'est-à-dire l'ordinateur. Or, l'objet humain, scientifiquement, a une spécificité qu'il faut respecter. C'est simplement là-dessus que j'insiste. Je crois qu'il ne faut pas se laisser abêtir par les méthodes des sciences naturelles. C'est bien de la science, ça ne correspond pas à l'homme. Même la mathématique doit en prendre un coup, comme je vous le disais. Le fait de lui avoir soumis la biologie a modifié les fonctions. Pourquoi lui soumettre l'homme ne modifierait-il pas la mathématique ?

Donc, il n'y a pas de scientificité éternelle. La science, ce n'est pas les sciences naturelles, à la limite. Bon ! Le fait de soumettre à la science, l'homme, c'est quelque chose de tout autre, si vous voulez, et ça doit permettre justement, à ce moment-là, à d'autres sciences de se faire. Moi, je crois qu'elles sont pour dans 200 ans. Mais il n'y a pas d'édifice puisque nous sommes le principe d'origination. Le monde est toujours à faire. Et en ce qui concerne l'élaboration du savoir, je crois que c'est pour plus tard. Nous sommes au moment foetal des sciences humaines.

Schotte:

Eh bien voilà ! Vous nous avez enseigné à la fois la rupture et l'indiscipline, vous nous avez renvoyé à nos disciplines changées; je vous remercie de tout cela. Je pense que les jeunes qui nous regarderont, se plairont à vous voir et à vous entendre comme nous venons de le faire.

BCILL 40 : Anthropo-logiques 1 (1988), 43-71

LA POSITION EPISTEMOLOGIQUE DE L'ANTHROPOLOGIE CLINIQUE

Pierre MARCHAL

A qui aborde pour la première fois et d'une manière non
prévenue la lecture du VOULOIR DIRE (1), ce livre, sans
référence aucune, peut apparaître comme une véritable météo-
rite dans le paysage contemporain des sciences humaines.
Cette radicale nouveauté risque de faire écran et c'est pour
tenter de lever cet obstacle que l'on voudrait dégager ici
les enjeux épistémologiques de cette entreprise théorique:
montrer comment et pourquoi elle s'inscrit dans le mouvement
historique qui constitue notre pensée depuis plus de vingt
siècles. Car si elle a pour objectif de contester radicalement le découpage disciplinaire des sciences humaines, elle
n'en est pas moins un effort rigoureux pour fournir un statut
scientifique à l'étude de l'homme et de sa culture.

Bien qu'il fasse à nos yeux oeuvre "philosophique" - son
livre est sous-titré: Traité d'Epistémologie des Sciences
Humaines -, le travail de Jean Gagnepain n'est pourtant pas
comparable aux productions textuelles qui depuis le XIXème
siècle, sont répertoriées sous la dénomination "philosophie".
Ce qui ne doit pas étonner outre mesure, puisque, à considérer ce qui s'est produit depuis l'Antiquité grecque sous ce
label "philosophie", on ne peut qu'être frappé par son étonnante hétérogénéité. Il a même fallu le génie du XIXème
siècle pour rassembler et élaguer tout ce matériel, le constituer en "histoire" de la philosophie. Cela ne signifie pas
qu'il n'y ait aucune unité fondamentale au projet philosophique, mais à ce niveau de généralité, il nous semble
s'intégrer en une visée plus large que l'on pourrait nommer

"science" ou si l'on veut parler grec "épistèmè": cet effort
pour se déprendre de l'opinion et construire, au-delà des
apparences, un savoir sur ce que sont les choses. On pourra
penser qu'une telle tentative est illusoire. Il n'en reste
pas moins vrai que depuis la naissance de la philosophie,
nous ne cessons de reprendre cette interrogation sur ce qui
fait savoir dans une société, sur ce que l'on pourrait nommer, d'un anachronisme évident, la "politique scientifique"
de toute communauté humaine (2).

Si donc Jean Gagnepain s'inscrit dans cette très ancienne
tradition philosophique, c'est d'abord parce qu'il remet en
question la manière dont, depuis la fin du XVIIIème siècle,
s'est structuré notre savoir. Plus particulièrement, il
s'agit d'interroger cette double partition qui oppose d'une
part science et philosophie, et d'autre part sciences
naturelles et sciences humaines (3). C'est dire aussi que
Jean Gagnepain, en n'acceptant pas ces clivages, ne produit
pas une "pensée" au sens disciplinaire du terme, au sens où
l'on entend par là un ensemble d'énoncés qui fait "doctrine".
Son ambition n'est pas de dire d'abord et "positivement" ce
qu'il en est du monde et de l'homme, mais plus fondamentalement de promouvoir une méthodologie qui permettrait,
grâce à la batterie conceptuelle qu'elle met en place, de
produire de véritables sciences humaines. En d'autres termes,
il s'agit moins d'ajouter une production culturelle à toutes
celles qui l'ont précédée, que de tenter de dire les conditions de possibilités de toute culture. On objectera, et avec
raison, qu'une telle entreprise est elle-même une production
culturelle, que nous ne sommes jamais, sinon fictivement,
hors culture. Cela est incontestable et c'est précisément
pour résoudre cette difficulté qui nous condamnerait à un
relativisme radical et par là à l'impossibilité de produire
des sciences humaines, que l'on reprend ici la question de la
scientificité de ces disciplines et que l'on avance l'hypothèse d'une Anthropologie clinique. On verra, je l'espère, à
la fois le bien fondé de cette hypothèse ainsi que ses limites qui sont celles-là mêmes de toute entreprise scientifique.

S'il en est ainsi, on comprendra que cette théorisation nouvelle du champ des sciences humaines ne peut s'additionner simplement à d'autres théorisations. Il faut renoncer à une approche cumulative à laquelle l'idéologie de la pluridisciplinarité nous a convié. Ce que propose l'Anthropologie clinique, c'est un cadre unifié qui permette de reconsidérer les faits culturels sous un angle radicalement nouveau et qui se voudrait scientifique (4). Théorisation scientifique de la production culturelle, l'Anthropologie clinique se veut en rupture avec un positivisme descriptif qui ne nous paraît pas armé pour expliquer scientifiquement nos facultés de produire de la culture. Elle propose un autre modèle qui se voudrait au plus près de la démarche scientifique telle que notre modernité en avait dégagé les grandes lignes.

D'où la démarche que nous proposons ici: après avoir analysé la structure épistémologique de ce qui se réclame aujourd'hui du titre de "science humaine", nous montrerons comment l'Anthropologie clinique tente d'appliquer le projet scientifique moderne à la spécificité de l'objet humain. Car tel est bien l'enjeu des sciences humaines: ne sacrifier ni la rigueur de la méthode scientifique, ni la spécificité humaine. Il s'agit de se donner les moyens non seulement de décrire les productions culturelles, mais d'expliquer pourquoi et comment nous en somme capables.

La structure épistémique de la science moderne

Le premier constat qu'il nous faut faire avec Jean Gagnepain - et c'est par là que s'ouvre Du Vouloir Dire - c'est qu'il n'existe pas encore des sciences de l'homme.

"L'homme et sa culture ne sont point encore parvenus
"à susciter véritablement l'éclosion de ce que
"trop naïfs - ou d'escrocs - tiennent d'ores et
"déjà pour des sciences humaines" (5).

Comment comprendre cette prise de position radicale qui, au seuil de l'entreprise, semble discréditer tout ce qui s'est fait jusqu'au jour d'aujourd'hui dans le domaine des sciences

humaines ? Il convient de ne pas se laisser rebuter par ce qui peut apparaître comme un rejet catégorique de ce qui nous a précédé: il ne s'agit nullement de dénier toute valeur à la production intellectuelle dans le champ des dites "sciences humaines". Mais il faut faire ce constat épistémologique: cette production, quels que soient ses mérites et sa perspicacité, n'a pas émergé au statut de science, si du moins on donne à ce terme, par-delà une signification floue et nécessairement idéologique, le sens précis qu'il a pris historiquement dans la pensée occidentale. La science - en ce sens strict du terme - est née à l'époque moderne avec l'avènement de la physique que l'on dit classique. Il s'agit là d'un jeu de langage dénotatif réglé par un double critère de vérité:
- la cohérence interne, dont l'expression logique est le principe de non-contradiction,
- la vérification expérimentale.
C'est sans doute cette dernière caractéristique qui signe l'originalité radicale de cette science dont se réclament ces "nouveaux philosophes" que sont les mécaniciens classiques et à laquelle nous nous référons explicitement lorsque nous parlons de "sciences humaines" en constatant qu'il n'en existe pas encore.

Pour mieux saisir l'originalité de ce projet scientifique, il n'est pas sans intérêt de faire un détour par l'histoire de sciences et de comparer la physique classique à la physique aristotélicienne et médiévale. On connaît sur ce point la thèse d'Alexandre Koyré. La révolution scientifique dont témoigne l'oeuvre de Galilée comporte deux moments essentiels: d'une part la dissolution du Cosmos, d'autre part, en remplacement de cette vision unitaire et ontologique, la géométrisation de l'espace, lequel est, de ce fait, rendu strictement abstrait. En d'autres mots:

"... l'attitude intellectuelle de la science classique pourrait être caractérisée par deux moments, étroitement liés d'ailleurs: géométrisation de l'espace, et dissolution du Cosmos, c'est-à-dire disparition, à l'intérieur du raisonnement scientifique, de toute considération

à partir du Cosmos; substitution à l'espace concret de la
physique prégaliléenne de l'espace abstrait de la
géométrie euclidienne" (6).

Ce qui amène très logiquement au rejet par la démarche scientifique issue de cette option épistémologique, de toute
pensée métaphysique qui trouverait son fondement dans la
prise en compte des notions de valeur, de perfection, d'har-
monie, de sens ou de fin. D'où une dévalorisation de l'Etre
et le divorce total, dont nous vivons encore, entre le monde
des valeurs et celui des faits. Il est clair que pour A.
Koyré, cette substitution marque une modification radicale du
cadre de pensée, de son organisation axiomatique. C'est le
point de rupture entre la physique ancienne et la physique
moderne. Tout se passe comme si Galilée jouait Euclide et
Archimède contre Aristote. Et parce que "le plan archimédien
où se situe la physique classique entretient dès l'origine un
rapport avec le plan aristotélicien" (7), c'est bien d'une
"révolution" qu'il convient de parler à propos de la mécanique classique. Révolution au sens astronomique du terme:
retour au point de départ.

On voit bien que, dans cette perspective, l'histoire des
sciences n'est pas à penser en termes de progrès. L'idée de
progrès, simple décalque du concept biologique de développement, n'est pas applicable aux choses culturelles dont
participe l'histoire. Ce qui fait le ressort de l'histoire
des sciences, c'est une dialectique entre le pensé et
l'impensé, le pensable et l'impensable. "Tout se passe comme
si la physique aristotélicienne n'avait pu se constituer qu'à
refouler, à interdire la physique archimédienne" (8) qui
constitue précisément son impensé, et donc sa limite.

"C'est l'impensé d'une axiomatique qui constitue sa
limite et en même temps le lieu d'où elle ne va plus
cesser d'être remise en chantier, élaborée à nouveau.
Lorsque ce travail de reconstruction conduit à réintégrer
l'impensable d'une axiomatique, elle ne peut plus alors
que se dissoudre pour laisser la place à une toute autre
axiomatique" (9).

Ce serait très exactement ce qui s'est passé avec la physique classique reprenant, à nouveaux frais, l'impensé de la physique aristotélicienne:le problème de la chute des graves et celui du jet. Et ce serait pour traiter ce problème qu'elle adopte l'axiomatique de la géométrie euclidienne, renouant ainsi avec la physique mathématique archimédienne.

Tout l'intérêt de l'analyse d'A. Koyré est de pointer cette substitution d'axiomatiques, si bien que le sens même de la révolution scientifique de la physique classique et le statut de la physique aristotélicienne en sont radicalement bouleversés. Il ne s'agit plus d'opposer Aristote à Galilée comme si le premier, philosophe, n'avait jamais accédé à la rationalité scientifique mise en oeuvre par le second. La physique aristotélicienne n'est pas qu'un discours philoso-phique - si l'on entend par là: un discours non scienti-fique - "prolongement brut et verbal du sens commun, ni une fantaisie enfantine, mais une théorie qui, partant bien entendu des données du sens commun, les soumet à une élaboration systématique extrêmement cohérente et sévère " (10). La physique d'Aristote est donc bel et bien une "théorie scientifique" et la révolution de l'âge classique est à lire davantage comme une péripétie interne à l'histoire des sciences, que comme le point d'origine d'une nouveauté radicale.

Toutefois, si elle est ainsi une véritable science, et même une science axiomatisée, la physique d'Aristote n'en demeure pas moins une science du sens commun: théorie scien-tifique élaborée à partir des données du sens commun, notait A. Koyré, alors que la science classique va mettre en oeuvre un système de référence totalement différent qui lui permet de rompre avec ce même sens commun. Comme on le voit, il ne s'agit plus ici de la structure logique (axiomatique) de la théorie, mais de son référent: de quel objet s'agit-il ? On pourrait nous objecter qu'il est artificiel de dissocier de cette manière la structure formelle de la théorie et l'objet sur lequel elle porte, que l'une et l'autre sont liés au point que c'est l'axiomatique qui détermine l'objet. C'est bien la position de G. Jorland qui, commentant A. Koyré, prend une position plus tranchée encore et affirme que:

"Les faits n'acquièrent de statut scientifique qu'en tant que faits de pensée. Dans la physique aristotélicienne, c'est la distinction conceptuelle entre mouvement naturel et mouvement violent qui leur confère ce statut. Mais ces concepts ne sont pas eux-mêmes construits à partir de ces faits et pour en rendre compte, ils sont produits par une axiomatique sous-jacente et ne peuvent rendre compte d'un certain nombre de faits que par surcroît. Ce n'est donc pas de l'intuition du sens commun que procède la physique aristotélicienne, mais d'une axiomatique et elle ne rencontre cette intuition, éventuellement qu'après coup" (11).

On pourrait prolonger l'argumentation de G. Jorland et admettre non seulement que les faits scientifiques n'existent que comme "faits de pensée", mais que, plus généralement, il n'existe pas pour l'homme de faits "bruts". Les faits sont toujours construits. C'est là un des apports les moins contestés de l'épistémologie actuelle. Toutefois, et ici se marque une des réductions les plus caractéristiques de la pensée contemporaine au point qu'on a pu parler de son "logocentrisme", si les faits sont toujours des faits construits - nous dirions "traités" (12) - il n'y a aucune raison pour réduire cette construction au seul conceptuel. S'il en était ainsi, nous serions condamnés à ce que J. Gagnepain nomme le mythe, à savoir: cet effort de conformer les choses à ce que nous en disons via le concept. Pour éviter cet enfermement dans et par le langage, il est indispensable que nous puissions opposer à la construction conceptuelle d'autres modes de traitement des faits, qu'il s'agisse d'un traitement social (et c'est le sens commun aristotélicien) ou d'un traitement ergologique (et c'est l'expérimentation telle que l'a thématisée la science moderne). C'est que le projet scientifique, depuis sa mise en place par la philosophie grecque, ne se réduit pas à la seule construction conceptuelle; la mise en place d'une axiomatique quelconque ne l'épuise en aucun cas. La science, depuis son origine, a toujours déployé une visée axiologique: elle est recherche de vérité, elle est glossocritique, c'est-à-dire axiologisation d'un traitement conceptuel de la réalité. Axiologisation qui s'opère par la mise en place d'un ensemble de critères de vérité qui faisant résistance au dire, permettent de passer du mythe à la science, c'est-à-dire d'un remaniement de la réalité par le langage (mythe) à un traitement du langage en fonction de la réalité (science).

Ces remarques ne font d'ailleurs qu'expliciter ce que G. Jorland, malgré sa dénégation du sens commun, repère lorsqu'il analyse l'axiomatique de la physique aristo-télicienne:

"Cette axiomatique se compose de deux notions fondamen-tales: l'idée de natures bien déterminées, et l'idée de Cosmos, c'est-à-dire d'un principe d'ordre. Le monde est bien ordonné, chaque chose occupe un lieu qui lui est propre parce qu'il correspond à sa nature" (13).

Et on voit bien comment à partir de ces axiomes de base peut se constituer une théorie du mouvement. Ce qu'il conviendrait de montrer, c'est que ces "idées" de natures et de Cosmos ne sont que des systématisations conceptuelles d'un traitement social du monde. Or qu'est-ce que le sens commun, sinon, comme le terme le dit explicitement, une conceptualisation - voilà pour le "sens" - partagée et donc crue par une communauté humaine - voilà pour le "commun" ? Il nous paraît donc tout à fait légitime d'affirmer que la physique aristotélicienne demeure une science du sens commun (14).

Or, c'est contre cette science aristotélicienne qui trouve son point d'appui dans le sens commun et dont la métaphysique représentait l'aspect le plus achevé et le plus caractéristique, du moins aux yeux des mécaniciens classiques (15), que s'est élaborée la science moderne. On pourrait rappeler ici que ce n'est sans doute pas sans raison que

Gaston Bachelard, analysant les obstacles épistémologiques à
toute recherche scientifique, commence par dénoncer ce qu'il
nomme l'expérience première, à savoir: "l'expérience placée
avant et au-dessus de la critique" (16). Il s'agit d'une
observation première" qui "se présente avec un luxe d'images;
elle est pittoresque, concrète, naturelle, facile. Il n'y a
qu'à la décrire et à s'émerveiller. On croit alors la
comprendre". Mais cette compréhension fait obstacle à la
connaissance scientifique et il convient de montrer "qu'il y
a rupture et non pas continuité entre l'observation et
l'expérimentation" (17).

L'expérimentation. C'est là, pour nous, le point de
clivage qui marque la nouveauté radicale de la science
classique. Car si l'adoption de l'axiomatique géométrique est
davantage un retour à Euclide, l'introduction de l'expérimentation introduit un élément nouveau dans la pratique scientifique (18). Ici encore, la réflexion d'A. Koyré est un détour
obligé. La science moderne a souvent été qualifié de science
expérimentale, mais cette dénomination, promue par une
tradition empiriste, ne semble pas faire droit au véritable
statut de l'expérimentation dans la dynamique de la science.
Trop souvent, on a compris la méthode expérimentale comme une
garantie d'empiricité contre la spéculation théorique, voire
métaphysique. Or l'expérimentation n'est pas l'expérience et
en thématisant cette différence, A. Koyré reprend à son
compte la rupture bachelardienne entre l'observation et de
l'expérimentation, laquelle "n'est pas une observation de
phénomènes naturels, elle est une interrogation, une question
posée à la nature et formulée dans un langage géométrique"
(19). On voit bien comment, même lorsqu'il réfléchit au
statut épistémologique de l'expérimentation, A. Koyré privi-
légie le rôle de l'axiomatique géométrique qui seule permet
de poser les bonnes questions, de faire qu'il y ait, non plus
simplement observation, mais expérimentation. Ce qui l'amène
à penser que l'expérimentation est une "interprétation de la
théorie", une mise en scène qui remplit deux rôles: pédago-
giquement, elle tend à convaincre (et non pas à prouver !);
ontologiquement, elle indique, parmi tous les formalismes

possibles, lequel décrit les chemins effectivement suivis par la nature (20).

Dans le milieu des historiens des sciences, on a beaucoup critiqué l'interprétation de Galilée par A. Koyré. Nous n'entrerons pas ici dans des débats d'exégèse, mais il nous semble en effet, et quoiqu'il en soit de Galilée lui-même, que l'analyse de l'expérimentation proposée par A. Koyré amalgame le rôle propre de l'expérimentation dans la construction théorique et l'interprétation de la Nature que cette théorie peut ensuite fournir. Il n'a pas vu avec assez de netteté que l'introduction de la méthode expérimentale est ce qui va permettre à la science, en instaurant une nouvelle axiologie, de rompre définitivement avec le sens commun. Rupture qui ne va évidemment pas sans perte. Le sens commun, de par la position auto-légitimante qu'il occupe dans l'économie du savoir, procurait à la science une légitimation qui est désormais perdue. D'où la quête de nouveaux critères de vérification, de nouveaux repères qui fassent vérité. On peut lire toute l'entreprise de la métaphysique cartésienne comme un effort pour fonder théologiquement cette approche nouvelle de la nature: la mécanique classique est justifiée de ce qu'elle refait le geste créateur, lequel a précisément opéré "more geometrico" (21). Mais cette justification métaphysique est très vite apparue à certains comme un avatar de la scolastique philosophique. Ce qui a abouti un siècle plus tard, dans la foulée de la Royal Society of London à la définition de la méthode expérimentale, base incontestable de ce qui se donnait encore pour une "philosophie expérimentale".

On peut tenter de schématiser les situations épistémologiques respectives de la physique aristotélicienne et de la science moderne de la manière suivante:

a) <u>La physique aristotélicienne</u>:

Théorie scientifique

⇅

Faits naturels
(construits par le sens commun)

La double flèche indique le mouvement de va-et-vient entre
les faits construits socialement et l'appareil théorique. On
voit bien que si l'on caractérise de cette manière la structure épistémique de la science artistotélicienne, l'analyse
que propose A. Koyré de la révolution galiléenne, ne permet
pas de dégager la nouveauté irréductible de la science
moderne: cette dernière est certainement caractérisée par une
axiomatique différente de celle de la physique aristotélicienne; mais si sa spécificité se limite à cette opposition,
il faut admettre que la science moderne, se cantonnant à une
substitution de modèles théoriques, respecte la structure
épistémique fondamentale de la science aristotélicienne du
sens commun. Or précisément, il importe pour rendre compte de
la modification structurale qu'implique la science moderne
ainsi que de son fonctionnement effectif, de proposer une
autre structure épistémique qui ne confonde plus l'expérimentation probatoire et l'interprétation des faits naturels.
Ce qui conduit à cette conclusion paradoxale, à savoir: <u>les
sciences naturelles modernes ne sont pas des sciences des
faits naturels</u>.

b) <u>La physique classique</u>

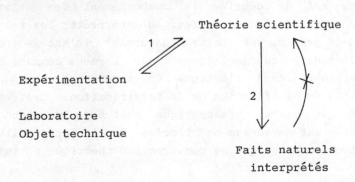

On peut donc penser:

1) qu'une des conséquences importantes de la révolution scientifique classique consiste à s'interdire méthodologiquement le recours aux faits naturels. C'est le sens de la relation "barrée" qui remonte des faits naturels à la théorie scientifique. Le lieu pertinent à partir duquel peuvent s'élaborer désormais les théories scientifiques, est le laboratoire où se construit l'expérimentation. C'est là le seul lieu de pertinence qui permet de construire et de réfuter les théories. La relation 1 qui relie l'expérimentation à la théorie a été bien décrite par le modèle hypothético-déductif (22).

2) que l'expérimentation consiste à mettre en place un dispositif technique dont la théorie propose le modèle. Que fait, en effet, le thermodynamicien qui veut vérifier l'énoncé théorique PV = nRT ? Il construit un ensemble technique (cylindre couplé à une source de chaleur et à des indicateurs de température et de pression); il modifie techniquement et quantitativement un des paramètres qui qualifient le système et observe, sous la forme d'un recueil de mesures, la modification des autres paramètres. Si la prévision théorique se vérifie, il faut admettre que l'énoncé théorique décrit bien le comportement de cet objet technique expérimental.

3) que le rapport uni-directionnel entre la théorie et les faits naturels pourrait être décrit comme une relation herméneutique: il s'agit, à partir des ensembles théoriques élaborés par ailleurs (dans le laboratoire) et dont la fonction première est de décrire le comportement des objets techniques construits à cet effet, d'interpréter les faits "naturels". Mais jamais, ces faits "naturels" (c'est-à-dire, rappelons-le, construits socialement par le sens commun) ne peuvent constituer, dans l'optique du savoir scientifique moderne, un lieu de vérification ou de falsification. Ceci ne signifie pas que cette herméneutique soit sans importance; mais sa fonction est davantage de l'ordre de la crédibilité sociale: faire en sorte qu'une construction théorique ne soit

pas uniquement "sue", mais "crue". Lorsque A. Koyré parle du rôle pédagogique de l'expérimentation, on voit bien qu'il mêle ce qui relève de la véri-fication axiologique et ce qui est de l'ordre de l'interprétation, génératrice de croyances sociales.

En d'autres termes, ceux de l'Anthropologie clinique, il s'agit, par l'interprétation, de faire entrer une science, c'est-à-dire un ensemble conceptuel axiologisé, dans la dialectique de l'appropriation et du partage par où cette science se fait savoir. On voit comment le schéma structurel proposé ici met en évidence l'intervention des quatre médiations dialectiques dégagées par l'Anthropologie clinique: le langage, l'outil, la personne et la norme. Le langage et la production conceptuelle règlent la production théorique comme telle, alors que la vérification relève de la médiation axiologique de la norme. Vérification qui, dans le projet de la science moderne se fait via l'objet technique que permet la médiation ergologique de l'outil. Reste l'interprétation qui, comme nous venons de le voir, s'apparente à la médiation sociologique de la personne (23).

"Il n'y a pas de sciences humaines" (24)

Si telle est la structure épistémologique de ce que nous nommons aujourd'hui "science", on comprend mieux l'expression quelque peu abrupte de J. Gagnepain que nous rappelions plus haut: il n'y a pas encore de sciences humaines. En effet, en passant au crible de cette analyse la production des dites sciences humaines, nous pouvons constater qu'elles se distribuent en deux sous-ensembles:

1) Dans un premier groupe, on transpose à l'homme et à ses productions le modèle scientifique élaboré pour les faits naturels, et cela sans y apporter aucune modification. Une telle démarche est non seulement légitime, d'un point de vue épistémologique, mais encore efficace, puisque, à être hommes, nous n'en sommes pas moins des objets du monde et donc susceptibles du même type de traitement que les objets naturels. On pense ici bien sûr à la psychologie expérimen-

tale et même à une grande partie de la psychologie cognitive. On peut ainsi lire par exemple dans un manuel destiné aux étudiants en psycho-pédagogie (25), le lieux commun de la science cognitive contemporaine, à savoir que la pensée humaine est réductible à ces deux opérations fondamentales que sont la mémoire et le calcul. Par où l'on voit clairement se profiler le modèle technologique du calculateur qui sert de support et de lieu de vérification à une théorisation qui pourra ensuite interpréter l'activité de pensée de l'homme. A propos de telles approches, l'épistémologue peut faire remarquer:

- qu'elles sont véritablement des sciences, au sens strict du termes,

- mais aussi, dans la mesure où elles transposent sans plus le modèle technico-scientifique, qu'elles manquent la spécificité humaine de leur objet. Il s'agit en fait de ce qu'il faudrait appeler des sciences naturelles de l'homme.

Reprenons l'exemple de la psychologie cognitive. Que des machines mises au point par les techniques hautement sophis- tiquées de l'intelligence artificielle, soient capables de performances qui rappellent celles de la pensée humaine, cela signifie seulement que ces machines ont été conçues pour outiller cette pensée. On ne peut logiquement en inférer que la machine, même si elle est dite "intelligente", soit un bon modèle pour la faculté conceptuelle de l'homme. A moins de tenir une position métaphysique semblable à celle défendue par La Mettrie dans l'Homme-Machine (26). Position qui fait directement écho à la métaphore mécanique "L'Univers est une machine", qui sous-tend toute la construction des sciences naturelles modernes. En elle s'exprime le principe axiolo- gique de la vérification par le champ technologique. On voit donc clairement que parler d'"homme-machine", ce n'est nullement faire un constat de faits, mais simplement - si on ose dire - annoncer la décision épistémologique d'appliquer la causalité mécanique et technologique à l'homme. On sait par ailleurs que l'homme a mis au point d'autres machines, outillant d'autres de ces capacités: il a, par exemple, construit des automobiles qui lui permettent d'outiller son déplacement. Personne n'a jamais prétendu pour autant que l'automobile puisse fournir le modèle adéquat pour la fonction physiologique de la locomotion !

C'est le lieu ici de rappeler la position d'un épistémologue aussi puissant que Karl Popper (27) sur la question du
statut scientifique des sciences sociales, car cette position
confirme à la fois notre analyse de la structure épistémologique de la science moderne et le fait que, à méconnaître la
spécificité de l'objet humain, on ne peut déboucher, si
toutefois on veut respecter la méthode scientifique, que sur
une technoscience sociale. K. Popper renvoie dos à dos les
pro-naturalistes, objectivistes, qui pensent que, tout comme
la physique, les sciences sociales doivent être capables de
prédiction, et les anti-naturalistes, subjectivistes, qui
affirment qu'une "loi sociologique" peut toujours être soit
"favorisée" soit "contrée" par les agents historiques, et
que, par conséquent, il n'y a pas de sciences sociales
possibles. L'une et l'autre de ces positions attestent une
mécompréhension radicale de la nature même des lois scientifiques, qu'elles soient naturelles ou sociologiques. Il
n'existe pas, pour K. Popper, de lois scientifiques de
l'histoire et donc, pour des raisons de pure logique, nous
sommes confrontés à une impossibilité radicale de prédire le
sens de l'histoire. Ce sens de l'histoire n'est pas un
destin, mais un projet à construire.

Mais cette constatation n'est pas propre à l'histoire; le
monde lui-même n'est pas davantage soumis au destin. Il y a
dans l'épistémologie poppérienne une véritable subversion du
concept de prédiction, en tant qu'elle serait un concept
"mondain". Elle n'est que le résultat d'une procédure logique
totalement isomorphe à l'explication causale qui relie par
une "loi" un effet à des conditions initiales d'expérimentation: "les conditions initiales décrivent la "cause" de
l'événement tandis que la prédiction décrit l'"effet". La
position de Popper par rapport au fameux principe de causalité est nette: il refuse d'affirmer quoi que ce soit
concernant l'applicabilité universelle de la méthode déductive d'explication qu'il propose. Se demander si le monde est
gouverné par des lois strictes et si, par conséquent, tout
fait est susceptible d'une explication causale naturelle,

c'est poser une question métaphysique et non méthodologique" (28).

Les lois sociologiques, tout comme les lois physiques, doivent prendre forme de "prohibitions". Cette idée est bien évidemment la conséquence directe de la doctrine poppérienne de la falsification qui conçoit la pratique scientifique non comme une pratique de vérification - (la vérification d'une loi scientifique ne procure aucun gain appréciable de connaissance; de plus logiquement, elle ne "prouve" pas cette loi) -, mais comme un effort de falsification. Si l'on peut falsifier une loi scientifique, on voit que le gain théorique est très appréciable (29). Dans cette perspective, les lois scientifiques doivent s'entendre comme des "prohibitions": par exemple, la loi de conservation de l'énergie s'exprimera sous la forme prohibitive: "il n'y a pas de machine à mouvement perpétuel". "C'est seulement sous cette forme que nos hypothèses peuvent être confrontées à nos expériences et utilisées dans des applications pratiques. En effet, grâce aux propositions du genre "L'eau ne peut pas être transportée dans une passoire" ou "Il n'y a pas de machine à mouvement perpétuel", que les ingénieurs parviennent à construire des aqueducs et des moteurs. De même, grâce aux lois sociologiques de la forme: "pour atteindre tels buts, il ne faut pas employer tels moyens", les socio-techniciens (social engineers) parviendront à construire des institutions sociales de plus en plus aptes à permettre d'atteindre tel ou tel objectif visé par l'homme" (30). Si le sens de l'histoire n'est pas destin, il est bien constructible technologiquement ! Et c'est bien là le but reconnu aux sciences humaines.

2) Parallèlement, il est des discours qui reconnaissent le caractère irréductible de la spécificité humaine - sacrifiée par les sciences naturelles de l'homme -, mais qui ne la traite pas de manière scientifique, au sens moderne du terme. Les modèles qui y sont élaborés le sont à partir des faits culturels dont l'approche est celle du sens commun. Il faudrait parler ici de sciences aristotéliciennes de l'homme (31).

On peut, par exemple, se référer, à ce propos, à un texte de Pierre Bourdieu, Le Paradoxe du Sociologue (32) dans lequel il illustre parfaitement cette position épistémologique de la sociologie, qui, prise entre l'objectivisme et le subjectivisme, n'a d'autres solutions que de développer une "science aristotélicienne" du social. C'est tout le texte, dans son intégralité qu'il faudrait citer ici, tant son argumentation est exemplaire. "L'idée centrale que je voudrais avancer aujourd'hui, c'est que la théorie de la connaissance et la théorie politique sont inséparables". Telle est la thèse avancée quant au problème que pose le fait social. On sait que la réponse à cette question oscille entre une position réaliste, objectiviste qui parle le langage de la logique et de la structure (les classes sociales existent in re; la révolution se produit inéluctablement, inscrite qu'elle est dans la logique de l'histoire) et une position subjective que l'on pourrait qualifier de constructiviste (les classes sociales ne sont que le produits de la description sociologique; la révolution est le résultat d'une action historique). Dans ce débat, le problème des classes sociales est évidemment crucial. Ce concept est bien évidemment un outil de l'analyse sociologique, mais il renvoie également à "quelque chose qui existe dans la réalité". Commentaire de P. Bourdieu:

> "C'est le problème le plus compliqué que l'on puisse penser puisqu'il s'agit de penser avec quoi on pense et qui est sans doute déterminé au moins en partie par ce que l'on veut penser".

On pressent la direction dans laquelle P. Bourdieu va s'engager et qui était d'ailleurs clairement anoncée dans la thèse qu'il voulait défendre, à savoir: l'inséparablilité du savoir et du politique. Inséparabilité qui va se manifester dans le fait que toute position de savoir est déterminée par la position sociale du sachant: "La vision objective sera plutôt une vision de savant. La vision spontanéiste sera plutôt une vision de militant. Je pense en effet que la position que l'on prend sur le problème des classes dépend de la position que l'on occupe dans la structure des classes". S'il en est ainsi, il faudra penser la sociologie comme un effort intellectuel pour appliquer des "classifications du second degré" sur des classifications de premier degré que les agents sociaux passent leur vie à produire: "On peut dire que les attributions que font les gens sont opérées par un sens social qui est une quasi-sociologie".

Comment dire plus clairement la structure épistémique que nous appelons "science aristotélicienne de l'homme". Il s'agit bien de construire des modèles théoriques à partir du sens commun social et il paraît évident alors, si l'on s'en tient à cette position, que le travail intellectuel est lui-même un enjeu social. Mais, dans le même temps, il faut reconnaître que l'on n'accède pas là à la rationalité scientifique moderne, telle qu'elle a été définie plus haut.

L'introduction de la clinique: l'Anthropologie clinique

Tout le problème de l'instauration des sciences humaines revient à cette question: comment translater le modèle scientifique classique tout en respectant la spécificité de l'homme en tant que producteur de culture ? Question qui se focalise en fait sur la construction de l'objet des sciences humaines. Ou encore, ce qui revient au même, sur l'invention d'un lieu expérimental propre. Schématiquement:

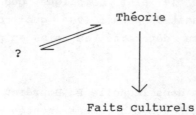

Théorie

?

Faits culturels

La pari, le choix épistémologique de l'Anthropologie clinique est précisément de placer la clinique en cette position du lieu expérimental.

"Or je tiens qu'il n'est, en matière de culture d'autre expérience que clinique" (33).

Il ne semble pas que ce choix puisse présenter une justification absolue a priori. Pas davantage d'ailleurs que celui,
effectué par les mécaniciens classiques, de mettre l'objet
technique en cette même position expérimentale. La véritable
justification ne peut être qu'a posteriori, dans la mesure
que l'on peut faire de l'efficacité heuristique et explicative du modèle qu'un tel choix permet. On sait aujourd'hui la
fécondité du modèle mécanique, au point que parfois il nous
encombre. Nous soupçonnons, nous qui commençons à travailler
avec ce cadre théorique de référence, la fécondité de
l'Anthropologie clinique. Cela dit, et bien qu'on reconnaisse
l'enracinement de ce choix dans la contingence historique
(34), on peut tenter de le "raisonner" et d'avancer par
exemple que l'expérimentation clinique se justifie de ce que
la rationalité humaine est dialectique. Mais, il ne faut pas
se leurrer: la mise en évidence de cette dialectique est
elle-même, comme nous le verrons, un des résultats les plus
importants de cette clinique expérimentale.

C'est dire que toute justification est interne au modèle
qui se donne à lui-même ses conditions de vérification. Il
n'est sans doute possible de faire l'économie de cette contrainte qu'en proposant une méta-physique. AInsi Descartes
proposant de fonder métaphysiquement le modèle mécanique par
une référence de nature théologique: pour le mécanisme, le
monde serait une machine dont le Dieu créateur est l'archi-
tecte et le géomètre. Et peut-être faudra-t-il imaginer une
métaphysique, ou plus exactement une méta-anthropologie, qui
se donnerait pour objet de rationaliser les options épistémologiques des sciences humaines fondées sur la clinique. Mais
ici encore, on voit bien que cette démarche ne peut elle-même
qu'être de rationalisation, et donc nécessairement a posteriori. Concevoir les choses autrement, c'est sacrifier au
mythe: non plus seulement le reconnaître comme un opérateur
épistémologique, mais l'ontologiser. Nous pensons que toute
entreprise scientifique comporte une part nécessaire de
mythe; mais reconnaître cette part mythique dans la production conceptuelle, ce n'est pas l'ontologiser sur le mode
de la métaphysique; c'est au contraire reconnaître la

dimension de _fiction_ qui marque nécessairement toute production conceptuelle. Mieux vaut alors renvoyer le savant à sa
position d'"_auteur_", assumant les responsabilités de son
choix dans l'ordre du savoir, plutôt qu'à la position d'un
sujet métaphysique. C'est bien là le sens de toute une épistémologie qui se propose de comprendre la science comme une
pratique, tout à la fois conceptuelle et sociale (35).

La visée de l'"auteur scientifique" dans le champ des
sciences humaines est donc de mettre en place un dispositif
qui lui permette de se mettre à distance de ce que P.
Bourdieu nommait si justement "le sens social". Et nous
pensons que seule la clinique peut nous permettre cette
distanciation (36), qu'elle est le lieu de résistance qui
nous permettra de mettre nos hypothèses à l'épreuve. Dans
cette perspective, la question de la justification de la
clinique comme lieu expérimental devient: quel type de
clinique nous permettra-t-il effectivement ce travail de
véri-fication ? Il s'agira d'abord d'une clinique pathologique, tant neurologique que psychiatrique, des fonctions
dites supérieures. Ensuite, il s'agira d'une clinique que
l'on pourrait qualifier d'"_analytique_". Du point de vue de
l'élaboration théorique, un patient qui présenterait un
trouble global (par exemple au niveau du langage) ne serait
d'aucun intérêt. C'est dans la mesure où elle est _sélective_,
que la clinique doit permettre d'analyser, c'est-à-dire de
déconstruire ce qui chez le normal apparaît toujours et
nécessairement comme globalisé et résistant à l'analyse. En
d'autres termes, il faut que la clinique soit dissociative
pour qu'elle présente une utilité du point de vue de la
construction théorique. Alors on pourra:

"n'admettre et n'imputer au système (théorique) d'autres
dissociations que celles qui sont pathologiquement
vérifiables" (37).

Une telle clinique n'est donc pas thérapeutique. Dans
cette dernière, ce sont précisément les phénomènes de compensation, de globalisation (par exemple: les stratégies de
compensation telles qu'elles sont mises en oeuvre dans la

revalidation des aphasiques) qui sont privilégiés. Or ces
phénomènes de compensation constituent de véritables obstacles épistémologiques qu'il convient de déconstruire si l'on
veut accéder à de véritables sciences humaines. Nous pensons
en effet - et les modèles dialectiques que nous proposons en
donnent la justification - que l'observation immédiate du
clinicien ne porte jamais sur le trouble lui-même si l'on
entend par là le déficit inscrit localement dans le processus
de production culturelle. Pour reprendre une formule que Jean
Gagnepain applique au paradigme et au syntagme, on pourrait
dire que le symptôme "n'a pas sa source au lieu de sa manifestation" (38). Ce qui nous est permis d'observer c'est
toujours les efforts d'un patient qui tente - avec les éléments de la structure qu'il maîtrise encore - de compenser
son trouble. D'où le travail patient de l'"expérimentateur"
pour déjouer ces phénomènes de compensation qui sont pour lui
de l'ordre du "brouillage", et pour construire des "tests-
pièges" où, neutralisant au maximum les possibilités de
compensation laissées au patient, on demande à ce dernier des
performances qui mettent précisément en évidence sa carence
instantielle. Ainsi cet aphasique de Wernicke qui, après
quelques mois de revalidation, avait bien "récupéré" au point
qu'il était difficile à une personne non prévenue de repérer
ce trouble dans le cadre d'une conversation ordinaire. Le
patient manifestait simplement une grande retenue, mais ses
réponses étaient généralement adéquates à la situation
interlocutive. Mais si l'on avait recours à un test-piège
portant par exemple sur la paradigmatisation, son trouble
réapparaissait comme au premier jour. De telles procédures
expérimentales n'ont évidemment pas pour but de replacer le
patient devant l'évidence du caractère irrécupérable de son
trouble. Il s'agit pour nous de vérifier des hypothèses
théoriques selon un schéma prédictif relativement classique:

- <u>hypothèse théorique</u>: telle performance culturelle
  s'inscrit à une place précise dans la structure instantielle.
  Par exemple: le paradigme est le résultat d'une projection de l'analyse générative sur l'analyse taxinomique.

- si l'hypothèse théorique est exacte, alors un patient
présentant un trouble localisé en ce point de la structure, ne pourra produire la performance correspondante.
Par exemple: un aphasique de Wernicke, dont le trouble
consiste précisément en une carence de l'analyse taxinomique, ne pourra présenter qu'une paradigmatisation
troublée dont les formes devront être prédites par le
modèle.

On le voit, dans la mise en place de ce lieu expérimental,
c'est au monde de la thérapeutique, c'est-à-dire de la médecine que s'affronte l'Anthropologie clinique. Affrontement
qui ne signifie pas pour autant opposition. Mais il est bien
évident que dans l'état actuel de la recherche, il convient
de bien distinguer la clinique thérapeutique de la clinique
expérimentale. On peut cependant espérer qu'à terme, une
recherche fondamentale portant sur l'homme, permette de
concevoir des stratégies thérapeutiques plus appropriées.

En fait, cette mise en présence d'une double clinique
n'est pas un fait nouveau. Il est un champ, précisément situé
aux frontières du thérapeutique et du spécifiquement humain,
où ces questions se sont déjà posées. Nous voulons parler de
la psychanalyse freudienne et de ses prolongements lacaniens.
Dans un livre récent (39), Joël Dor pose la question du
symptôme et du diagnostic pour constater que "dans toute
pratique clinique, il est d'usage d'établir des corrélations
entre la spécificité des symptômes et l'identification d'un
diagnostic". Corrélations qui permettent de remonter des
effets aux causes et d'établir ainsi selon la même logique
causaliste, un dispositif thérapeutique de remédiation qui
lui-même n'est efficace que "parce que le corps répond, d'une
certaine façon, à un processus de fonctionnement lui aussi
régulé selon des déterminations obéissant au même principe".
Or précisément, "si ce principe est uniformément recevable
dans tous les horizons de la clinique médicale, il est
cruellement mis en défaut dans la clinique analytique. Cette
défection est à porter au compte du déterminisme singulier
qui sévit au niveau des processus psychiques sous le nom de
causalité psychique".

Ce qui est repéré ici c'est bien l'hétérogénéité entre "les chaînes habituelles d'interactions de causes à effets, telles que nous les identifions, par exemple, au niveau des sciences biologiques" et ce que nous nommons, faut de mieux "causalité psychique" qui ne semble pas présenter les mêmes "lignes de régularité" permettant à la bio-médecine de pratiquer avec succès la démarche inductive reliant les effets aux causes. "Dans le champ scientifique, une prévision n'a de sens que parce qu'elle se supporte d'une loi, c'est-à-dire d'une explication objective et universalisable qui rend compte d'une articulation stable entre des causes et des effets. La causalité psychique ne fait pas l'objet de telles lois, du moins au regard des exigences empiriques et formelles qui peuvent les définir dans les sciences exactes. Dans ces conditions, l'absence de légalité entre les causes et les effets, et l'impossibilité subséquente de déterminations prévisionnelles stables nous imposent de reconnaître que <u>la psychanalyse n'est pas une science</u> au sens strict et habituellement consenti à ce terme".

Cette analyse de J. Dor, ne débouche pas, comme il l'avance trop rapidement, sur "<u>l'a-scientificité de la psychanalyse</u>", mais bien l'hétérogénéité du champ des sciences naturelles et de celui des sciences humaines: la médiation technologique qui fonde la régularité des relations de causes à effets (40), n'est plus pertinente pour un objet dont la logique est totalement autre, c'est-à-dire dialectique. Il est d'ailleurs curieux que la suite du texte s'efforce de montrer qu'il est possible toutefois, en l'absence de logique causaliste, de mettre en évidence des <u>structures</u> responsables, mais dans le cadre d'une logique paradoxale, non linéaire, des formations symptomatiques. Il s'agit bien là d'un projet scientifique au sens le plus strict du terme et nous ne serons pas loin de penser, qu'en matière de langage, par exemple, la "linguisterie" lacanienne est plus authentiquement scientifique que la linguistique contemporaine. On nous pardonnera cette provocation !

Ce bref détour par le champ psychanalytique n'était pas hors de propos. On aura reconnu dans la clinique expéri-

mentale, le principe cher à S. Freud de la patho-analyse.
L'enjeu de la clinique expérimentale est théorique (41) et sa
raison s'exprime dans la conviction que comme

> "c'est seulement le retard qui dans l'acquisition fait
> apparaître des étapes",

de même, c'est

> "seulement aussi le trouble du fonctionnement qui permet,
> grâce à l'examen, d'en séparer les processus" (42).

Une dernière remarque enfin: le choix épistémologique de
la clinique expérimentale détermine très exactement l'objet
des sciences humaines à venir. Cet objet, conformément à la
structure épistémique du savoir scientifique que nous avons
élaborée, n'est pas d'abord le fait culturel, mais la capacité que nous avons à le produire. Il s'agit donc, dans
l'Anthropologie clinique, d'une théorie de la production
culturelle. Ce qui d'ailleurs homogénéise le champ du savoir
scientifique, puisque les sciences naturelles ne sont pas
davantage, sciences des faits naturels, mais sciences de leur
production par l'homme, vie la médiation ergologique.

> "Le but assigné par nous aux sciences humaines (est) de
> substituer aussi radicalement que possible une théorie
> analytique des facultés à la théorie anatomique des
> fonctions" (43).

NOTES

(1) Jean GAGNEPAIN, Du Vouloir Dire, Traité d'Epistémologie des sciences humaines, I. Du Signe, De l'Outil, Paris, Oxford, New York, Pergamon Press, 1982.

(2) Nous reviendrons sur ce point en évoquant, à la fin de cet article, les conséquences de l'Anthropologie clinique sur la pratique philosophique.

(3) "... On ne saurait manquer d'apercevoir qu'entre les "deux types d'explication une sorte de clivage s'est "pratiquement opéré qui, fondé sur un préjugé et la haute "opinion que nous nous faisions de nous-mêmes, opposait "la science à l'histoire". Jean GAGNEPAIN, op. cit., p. 3.

(4) La pluridisciplinarité prend top souvent l'alibi de la complexité humaine pour renforcer "idéologiquement" l'autorité des champs disciplinaires et éviter de remettre en question des approches non pertinentes du phénomène humain. Quand ce n'est pas pour promouvoir une multiplication, fragmentée à l'infini, des points de vue sur l'homme. Face à ce type de pluridisciplinarité, nous nous revendiquons ici d'une "science unifiée", ce qui avait été la grande idée des positivistes logiques du Cercle de Vienne. On verra par la suite, que cette position n'empêche nullement de reconnaître une spécificité radicale à l'objet scientifique humain et que prendre ainsi le parti d'une science unifiée, ne signifie pas pour autant que l'on "physicalise" l'homme.

(5) Jean GAGNEPAIN, op. cit., p. 3.

(6) Alexandre KOYRE, "A l'aube de la science classique" dans Etudes galiléennes, Paris, Hermann, 1966, p. 15.

(7) Gérard JORLAND, La Science dans la philosophie, Les recherches épistémologiques d'Alexandre Koyré, Paris, Gallimard, La Bibliothèque des Idées, 1981, p. 252.

(8) Gérard JORLAND, ibidem.

(9) Gérard JORLAND, op. cit., p. 253.

(10) Alexandre KOYRE, op. cit., p. 17. C'est moi qui souligne; on verra l'importance de cette remarque pour la suite. Il me semble que, focalisé sur la mutation axiologique et soucieux de rétablir le statut "scientifique" de la physique aristotélicienne, A. Koyré n'a pas suffisamment tenu compte de la rupture qui se joue non plus au niveau de la structure théorique mais de l'objet même de la science.

(11) Gérard JORLAND, op. cit., p. 254.

(12) L'Anthropologie clinique n'est pas autre chose que la tentative de faire une science de ces différents "traitements" spécifiquement humains des "faits".

(13) Gérard JORLAND, op. cit., p. 254.

(14) On peut faire référence ici à l'Organon aristotélicien et plus particulièrement à la dialectique. Contrairement à la méthode cartésienne de la "tabula rasa", le travail scientifique tel que le conçoit Aristote, veut prendre en compte l'opinion, le savoir reçu pour le re-travailler et l'amener ainsi au statut de science. Est dialectique le syllogisme "qui conclut à partir des prémisses probables". Recherchant l'utilité de cette pratique discursive, il note l'avantage décisif qu'elle procure "en ce qui regarde les premiers principes de chaque science: il est, en effet, impossible de raisonner sur eux en se fondant sur les principes qui sont propres à la science en question, puisque les principes sont les éléments premiers de tout le reste; c'est seulement au moyen des opinions probables qui concernent chacun d'eux qu'il faut nécessairement les expliquer. Or c'est là l'office propre, ou le plus approprié de la dialectique, car en raison de sa nature investigatrice, elle nous ouvre la porte aux principes de toutes les recherches" (ARISTOTE, Les Topiques, Livre I).

(15) Cfr les objections adressées à Descartes par Gassendi: la métaphysique comme fondement de la science est récusée au profit de l'expérimentation.

(16) Gaston BACHELARD, La formation de l'esprit scientifique, Paris, Vrin, 1977 (10ème édition), pp. 23 et ss.

(17) Gaston BACHELARD, op. cit., p. 19.

69

(18) J'insiste sur la "pratique" scientifique, car de nombreux mécaniciens modernes, bien qu'ils inaugurent une pratique radicalement nouvelle, continuent à se la représenter au moyen de concepts issus directement de la philosophie ancienne.

(19) Gérard JORLAND, op. cit., pp. 276 et 277.

(20) D'après Gérard JORLAND, op. cit., pp. 278-280.

(21) On reconnaît ici le rôle ontologique qu'A. Koyré fait jouer à la mise en scène expérimentale. On peut penser qu'il s'agit là d'une interprétation trop "cartésienne" de la mécanique classique, ne tenant pas suffisamment compte des réticences manifestées par les mécaniciens à la métaphysique de Descartes.

(22) Ce modèle est issu d'une critique de la méthode inductive pure. Il affirme que la connaissance scientifique "ne se forme pas par application d'une procédure d'inférence inductive à des données antérieurement recueillies, mais plutôt en pratiquant ce qu'on appelle "La méthode de l'hypothèse", c'est-à-dire en inventant des hypothèses qui tentent d'apporter une réponse au problème qu'on étudie, et en les soumettant ensuite à un contrôle empirique". Carl G. HEMPEL, Eléments d'Epistémologie, Paris, Armand Colin, Coll. U/U2, 1972, p. 26. Il faut ajouter à cela que le corps d'hypothèses est lui-même muni d'une structure logique permettant de produire, par voie déductive, des prévisions qu'il faudra tester. On n'insistera pas ici sur les difficultés de ce modèle, notamment en ce qui concerne les règles de correspondance à établir entre les énoncés théoriques et les faits empiriques. Difficultés que la structure épistémologique que nous proposons ici, et plus spécialement la nature technique de l'objet scientifique, devrait aider à résoudre.

(23) Cette relecture du modèle en termes de l'Anthropologie clinique anticipe la suite du texte. On verra plus tard et en détails, en quoi consiste ces quatre médiations. Mais il était intéressant de montrer dès maintenant comment l'Anthropologie clinique et ses médiations permettent une épistémologie de la pratique scientifique plus fine et plus rigoureuse que les épistémologies

classiques. Et cela sans doute parce que, théorie déconstruite de la culture, elle permet l'analyse de ce phénomène de culture qu'est la science.

(24) Cette provocation fait écho à la conviction de Karl Popper selon laquelle "les sciences sociales ne semblent pas encore avoir trouvé leur Galilée" Karl POPPER, Misère de l'Historicisme, Paris, 1956 (p. Xii).

(25) Nous sommes bien conscients de ce qu'un tel texte est nécessairement, pour des besoins pédagogiques, schématique. Il ne s'agit que d'une introduction, nécessairement incomplète sacrifiant les détails et les subtilités du modèle théorique. Toutefois, de notre point de vue, ce texte est précieux dans la mesure où les simplifications qu'il suppose, radicalisent les options épistémologiques qui seules nous intéressent ici.

(26) LA METTRIE, L'homme-Machine, édition présentée et établie par Paul-Laurent ASSOUN, Paris, Denoël-Gonthier, Bibliothèque Médiations n° 213, 1980.

(27) Cfr Karl POPPER, Misère de l'Historicisme, op. cit. et "Die Logik der Sozialwissenschaften", dans Kölner Zeitschrift für Soziologie und Sozialpsychologie, 14, 1962.

(28) Jean-François MALHERBE, La philosophie de Karl Popper et le positivisme logique, Paris, PUF, 1976, p. 97.

(29) Soit la loi scientifique: tous les éléments d'un univers donné vérifient la fonction Phi. Cet énoncé a pour équivalent logique l'énoncé: il n'est pas vrai qu'il existe un élément qui ne vérifierait pas la fonction Phi en question. Si je puis exhiber un tel élément (qui ne vérifie pas Phi), alors j'ai falsifié la loi.

(30) Jean-François MALHERBE, op. cit., pp. 136-137.

(31) Rappelons une fois encore qu'il ne s'agit en aucune façon de méconnaître l'intérêt et l'intelligence de ces discours, mais uniquement d'en analyser épistémologiquement le statut.

(32) Pierre BOURDIEU, Le paradoxe du sociologue, dans Questions de Sociologie, Paris, Minuit, 1984, pp. 86-94. Ce texte est en fait une conférence prononcée en octobre 1977.

(33) Jean GAGNEPAIN, op. cit., p. 11.

(34) Comme toute production culturelle, l'Anthropologie
clinique s'inscrit dans la contingence historique. Son
point d'ancrage est la rencontre de Jean Gagnepain,
linguiste, et d'un neurologue, le Dr Olivier Saboureau.
Rencontre qui déboucha sur le projet de reconsidérer le
modèle linguistique en fonction des aphasies. De là est
né le modèle glossologique qui, par analogie et toujours
sous la pression des faits cliniques, a donné par le
suite les autres modèles de l'Anthropologie clinique.

(35) Cfr par exemple l'effort épistémologique de Michel DE
CERTEAU, "L'opération historique" dans Faire l'histoire
Tome 1: Nouveaux problèmes, sous la direction de Jacques
LE GOFF et Pierre NORA, Paris, Gallimard, Bibliothèque
des Histoires, 1974, pp. 3-41.

(36) Distanciation: "distance prise par le locuteur par rapport à sa propre énonciation", "Petit Robert" (1984).

(37) Jean GAGNEPAIN, op. cit., p. 13.

(38) Jean GAGNEPAIN, op. cit., p. 49.

(39) Joël DOR, Structure et Perversions, Paris, Denoël, 1987.
Les citations qui suivent sont tirées du chapitre 2:
"Symptômes et diagnostic", pp. 33-40.

(40) Cfr plus haut: l'analyse des sciences naturelles modernes.

(41) On peut rappeler ici cette petite phrase de S. Freud
(dans Sigmund Freud présenté par lui-même, Paris,
Gallimard, Folio-Essai, 1987) qui, après avoir parlé des
années 1886-1891 durant lesquelles "j'étais accaparé par
l'obligation de me faire une place dans ma nouvelle
profession et d'assurer mon existence matérielle ainsi
que celle de ma famille" conclut cette période en
écrivant: "je dois maintenant exposer par quels chemins
la recherche scientifique redevint le principal centre
d'intérêt de mon existence" (pp. 31 et 32).

(42) Jean GAGNEPAIN, op. cit., p. 13.

(43) Jean GAGNEPAIN, Séminaire n° 10 (1983-1984) (texte dac-
tylographié).

BCILL 40 : Anthropo-logiques 1 (1988), 73-92

De Saussure à Gagnepain
(DE LA FORME A LA MEDIATION) (1)

Jean GIOT

Le 4 janvier 1894, Ferdinand de Saussure écrivait à
Meillet à propos de "la difficulté qu'il y a en général à
écrire seulement dix lignes ayant le sens commun en matière
de faits de langage", et s'expliquait: "Préoccupé surtout,
depuis longtemps, de la classification logique de ces faits,
de la classification des points de vue sous lesquels nous les
traitons, je vois de plus en plus (...) l'immensité du
travail qu'il faudrait pour montrer au linguiste ce qu'il
fait; en réduisant chaque opération à sa catégorie prévue;
(...) Sans cesse l'ineptie absolue de la terminologie
courante, la nécessité de la réformer, et de montrer pour
cela quel espèce d'objet est la langue en général, vient
gâter mon plaisir historique, quoique je n'ai pas de plus
cher voeu que de n'avoir pas à m'occuper de la langue en
général" (2).

_____

(1) Conventionellement, dans ce qui suit, nous renverrons
    - par CLG: au texte du Cours de Linguistique Générale de
      SAUSSURE, dans l'édition critique préparée par Tullio
      de Mauro, Ed. Payot, Paris, 1976;
    - par TM: au commentaires critiques et aux notes de
      Tullio de Mauro, dans cette édition;
    - par VD: à J. GAGNEPAIN, Du vouloir dire. Traité
      d'épistémologie des Sciences humaines, t.I., Pergamon
      Press, Paris, Oxford, 1982;
    - par SM: à R. GODEL, Les sources manuscrites du CLG de
      F. de Saussure, Droz, Genève, 1969.
(2) Cité d'après TM, p. 355.

Hormis sans doute la dénégation finale, le lecteur reconnaîtra, dans cette volonté d'ordonnancer des points de vue sous lesquels considérer l'objet linguistique et d'aborder celui-ci dans un cadre général où soit remanié l'ensemble de la terminologie, un projet épistémologique qu'aurait pu signer Jean Gagnepain: "montrer au linguiste ce qu'il fait".

A ceci près, mais qui est décisif: où Saussure, dans une démarche typiquement Kantienne en effet, prétendait établir en droit les fondements de la linguistique qu'il avait pratiquée (la grammaire comparée) (3), Gagnepain entend en fait formuler, sur les opérations du langage, une hypothèse heuristique féconde et qui ait la portée d'une anthropologie - où soit théorisée, relativement à un champ expérimental, la capacité qu'a l'homme de produire de la culture. En un sens, il s'agira moins de résoudre un problème (comment analyser le langage) que d'expliquer comment il se trouve que ce problème est posé.

Un temps du moins, et sans prétendre à l'exhaustivité (on se limitera à quelques traits saillants) ni à l'histoire (on s'en tiendra à des considérations épistémologiques), il peut n'être pas sans intérêt d'en (re)passer par Saussure pour aborder Gagnepain: avec l'oeuvre de Marx et avec celle de Freud, l'oeuvre du premier est l'une des sources déclarées de celle du second. De leur comparaison, on espère faciliter au lecteur qui aborde la théorie de la médiation, la compréhension de celle-ci, et peut-être l'engager à une intelligence renouvelée de la première (4).

1. Deux représentations de la science

"En construisant les principes par quoi la linguistique

---

(3) Cf. J.C. MILNER, L'amour de la langue, Paris, Seuil, 1978, p. 49.
(4) en tout cas à distance de la "vulgate" qui a résulté de quelques polémiques de longue durée, et sur foi de laquelle le CLG est réputé connu, reconnu et largement dépassé.

se trouvera légitimée, Saussure entend seulement accomplir ceci: ordonner de la science toute proposition qu'il articulera en tant que linguiste. La science alors est le point idéal où toutes les propositions se croisent, instance symbolique dont le discours s'organise.

Mais la science elle-même doit se faire représentable, c'est-à-dire donner lieu à quelque théorie consistante. Du même mouvement, l'idéal de la science, comme instance symbolique, se réfracte en son corrélat imaginaire: une science idéale, qui censément l'incarne. Alors se définit un second repère déterminant la position de Saussure: étant admis que celui-ci cherche à autoriser une science, il faut ajouter qu'il la réfère implicitement à un paquet de traits distinctifs lui permettant d'en reconnaître la figure idéale.

En d'autres termes, un modèle de science particulier; pour faire bref, disons-le euclidien. Suivant ce modèle, une science est un discours réglé par deux principes:
- le principe du minimum: tous les concepts de la science doivent être déduits d'un nombre minimum d'axiomes, exprimés dans un nombre minimum de concepts primitifs;
- le principe de l'évidence: tous les axiomes et concepts primitifs doivent être évidents, ce qui dispense de les démontrer ou de les définir.

En troisième lieu, Saussure sélectionne un concept privilégié qui lui permettra d'articuler la relation de l'idéal de la science à la science idéale, l'entreprise des fondements et le modèle euclidien: **le signe**. Grâce à lui, on détient une règle sûre pour délimiter l'empire des phénomènes: dans l'ensemble des choses en soi gravitant dans la mouvance du langage, seules relèvent d'une observation possible les dimensions assignables au signe - le sémiologique pour reprendre le terme de Saussure, qui prend ainsi sa véritable valeur. Mais de plus, le signe permet de construire la science linguistique en conformité absolue avec le modèle prévalent:
a) il y a **un** axiome, minimum absolu, et il est évident: "la langue est un système de signes";

b) il y a **un** concept primitif, et il est évident: le concept de signe.

De cet axiome qu'on ne démontre pas et à l'aide de ce concept qu'on ne définit pas, toutes les opérations nécessaires à la linguistique seront déduites - mais il n'est pas vrai que seules les opérations linguistiques soient déductibles: en substituant à **langue** un autre terme, on obtient une infinité d'axiomes évidents, tous susceptibles de fonder une science: c'est pourquoi, fort logiquement, Saussure parle de sémiologie générale, remplaçant implicitement l'axiome initial par un schéma du type: "X est un système de signes", X pouvant recevoir comme valeur pratiquement n'importe quel domaine bien défini d'objets" (5).

L'inspiration scientifique, dans le fond aristotélicienne, de Saussure, telle que la décrit ainsi Milner, ouvre à la description de ce qu'il appellera "la langue" les ressources de la formalisation, les voies d'une "algébrisation" (6). Ainsi se trouvait fondée la notation symbolique d'usage en grammaire comparée, où le linguiste construit une série de formes se correspondant régulièrement jusqu'à une "racine" indo-européenne - abstraction faite, c'est évident, de ce qu'aurait pu être la valeur référentielle des lexèmes ainsi reconstitués. C'est bien l'abstraction possible, l'idéal de formalisation de l'objet linguistique qui est l'enjeu, même si Saussure, face à l'idéologie positiviste du "fait", s'est montré quelquefois prudent dans ses formulations.

Cette abstraction, cette spécification de l'objet "langue" comme formel se marque simultanément, dans le <u>CLG</u>, en trois points bien connus:

---

(5) J.C. MILNER, op. cit., pp. 50-52.
(6) Cl. NORMAND, Métaphore et concept, Bruxelles, Ed. Complexes, 1976, p. 114.
  - Cf. SM, p. 44: "Les (valeurs et) quantités du langage et leurs rapports sont régulièrement exprimables, dans leur nature fondamentale, par des formules mathématiques".

- la partition, au sein de l'ensemble "langage", de l'<u>objet</u> de la recherche linguistique, théorisé comme "la langue": non pas chose sur laquelle devrait sélectivement, exclusivement, porter la recherche, mais bien davantage "la langue <u>en tant que</u> système de signes" - soit objectif déterminé, ordonné, <u>construit</u> par une recherche (7);

- l'ordre de la "langue" est indifférent à la matérialité des éléments, remplaçable par des chiffres ou autres symboles: "Enfin, pour connaître les unités phoniques d'une langue il n'est pas indispensable de caractériser leur qualité positive; il faut les considérer comme des entités différentielles dont le propre est de ne pas se confondre les unes avec les autres. Cela est si bien l'essentiel qu'on pourrait désigner les éléments phoniques d'un idiome à reconstituer par des chiffres ou des signes quelconques. Dans *ek₁ wos, il est inutile de déterminer la qualité absolue de e, de se demander s'il était ouvert ou fermé, articulé plus ou moins en avant, etc.; tant qu'on n'aura pas reconnu plusieurs sortes de e, cela reste sans importance, pourvu qu'on ne le confonde pas avec un autre des éléments distingués de la langue (a, o, e, etc.). Cela revient à dire que le premier phonème de *ek₁ wos ne différait pas du second de *medhyos, du troisième de *age, etc., et qu'on pourrait, sans spécifier sa nature phonique, le cataloguer et le représenter par son numéro dans le tableau des phonèmes indo-européens. Ainsi la reconstruction de *ek₁ wos veut dire que le correspondant indo-européen de latin equos, sanscrit açva-s, etc, était formé de cinq phonèmes déterminés pris dans la gamme phonologique de l'idiome primitif" (8).

- la définition purement négative du signe, purement distinctif: "Une différence suppose en général des termes positifs entre lesquels elle s'établit, mais dans la langue <u>il n'y a que des différences sans termes positifs</u>" (9).

Du coup, les "évidences" élaguées, le "donné" linguis-

_____

(7) Cf. TM, p. 415.
(8) CLG, p. 303.
(9) CLG, p. 166.

tique s'organise autour d'une hypothèse (le réseau d'oppositions, le jeu des différences).

Chez Gagnepain, l'enjeu théorique, c'est une "épistémologie des sciences humaines". Ce dernier adjectif renvoie
notamment à ceci que leur objet présente une particularité,
une "spécificité": l'homme est autoformalisateur, la capacité
de formalisation lui est "incorporée", inhérente. Il n'est
pas seulement un lieu de "lois" descriptibles en termes de
science, il est aussi, à bien des égards, le législateur
même, dès lors qu'il construit les faits de culture dans leur
diversité. Ce caractère propre de "l'objet" des sciences
humaines implique qu'on le prenne en compte comme tel dans
l'ensemble des manifestations de la culture, de sorte que
Gagnepain tente de saisir, sous la variété de ces manifestations, l'identité d'un problème. Il en résulte un modèle en
quatre plans analogiquement élaborés: le dire, le faire,
l'être et le vouloir; ou le langage, l'outil, la personne et
la norme - soit l'acculturation de l'objet, du trajet, du
sujet et du projet, respectivement. Ces quatre plans sont
analysés selon un principe que l'on peut, brièvement,
qualifier de dialectique (cf. ci-après), et selon une méthode
qu'on peut appeler clinique expérimentale. C'est en effet le
rapport à la clinique qui permet de construire l'objet des
sciences humaines; c'est dans la clinique que le modèle puise
son efficacité heuristique (et, en retour, par une voie
hypothético-déductive, c'est du modèle qui sont tirés des
protocoles expérimentaux et des projections nosographiques).
L'hypothèse est que la pathologie met en évidence des lignes
de fracture et, par là, des modes de fonctionnement, dans ce
que le comportement "normal" présente sous une forme globali-
sée. (Ainsi, la clinique des aphasiques permet de dissocier
différentes capacités normalement intégrées chez le locuteur
non aphasique). C'est en ce sens que la clinique, parce
qu'elle sert à vérifier ou à corriger les propositions
théoriques - à construire "l'objet" du savoir - est dite
expérimentale.

Le recours à une clinique ainsi conçue permet, non seulement d'élaborer le modèle propre à chaque plan (cf. d'autres contributions au présent numéro), mais encore de dissocier ces différents plans, et de prendre la mesure de leurs interférences. Ainsi, sur le plan 1, dit de la glossologie, la clinique aphasiologique met en lumière les règles de fonctionnement du langage humain, négligeant la diversité de ses manifestations historiques que sont les langues. L'aphasique, qui garde sa compétence communicative, a perdu des dimensions constitutives, indifféremment aux langues particulières où ses capacités sont mises en oeuvre, du pôle instantiel grammatical de la dialectique langagière. Inversement, tel schizophrène (dans la terminologie de Gagnepain), qui a conservé l'organisation interne et formelle, la systématicité et la déductibilité des règles de la grammaticalité, accède difficilement, s'étant approprié une idiomaticité sans limites performantielles, à la capacité de renoncer à ses frontières idiomatiques et de se conformer à l'acceptabilité de l'usage (pathologie du plan 3). On ne saurait plus fortement mettre en évidence ce qui s'opère en propre de la structure linguistique.

On voit que l'expérimentation clinique fournit à la théorie, qui comporte des hypothèses diverses et spécifiques (logiquement non nécessaires) sur chacun de ses plans et dans leurs rapports mutuels, une possible fonction de falsification, qu'on ne trouvait pas chez Saussure (10). Ainsi, il n'est pas exceptionnel d'avoir à remanier l'interprétation d'un premier test-piège - ou le test lui-même - à la lumière des productions du même aphasique dans un autre test-piège, ou d'avoir à éclairer les réalisations d'un alexique ou d'un agraphique par celles dont il est (in)capable dans une tâche (comme d'allumer une bougie, découper un cadre, etc.) comme

(10) Une description pouvait sans doute être amendée, mais pas la théorie. Encore que Saussure se soit trouvé "toujours tracassé" par son cours, qu'il n'estimait pas "assez élaboré". - Cf. SM, p. 30.

telle extérieure à la grammaticalité (11). Evidemment, le
contre-exemple qu'un test peut fournir à l'analyse précédemment faite des résultats d'un test antérieur, est en fait
lui-même une analyse de résultats: c'est une interprétation
- plus générale, plus unifiante, accroissant la cohérence de
l'ensemble - qui en contredit une autre. Mais ceci revient à
dire aussi que la méthode expérimentale clinique participe en
cela même d'une attitude de type scientifique, puisqu'il
n'est pas de "donnée" accessible autrement que sous la forme
d'une proposition déjà théorisée (12), ce qu'on peut lire
sans doute chez Saussure quand il écrit: "Il n'y a donc aucun
rudiment de fait linguistique hors du point de vue défini qui
préside aux distinctions" (13).

Ainsi, Saussure et Gagnepain s'engagent l'un et l'autre
dans une entreprise de fondation visant à tirer au clair des
conditions de possibilité de savoirs qui leur sont contemporains, restreints chez le premier à certaine pratique de la
linguistique, étendus chez l'autre à un ensemble qualifié de
"sciences humaines" (où la "donne" linguistique est répartie
entre plusieurs plans). Dans le champ linguistique, l'un et
l'autre rencontrent la grammaticalité, représentée comme
langue formelle chez le premier, comme structure de langage
chez l'autre, langage dont les opérations formalisantes (qui
acculturent dialectiquement "l'objet" en "concept") sont
établies à l'épreuve de l'expérience clinique.

---

(11) P. ex. encore, la clinique des psychoses selon Gagnepain
     conduit à retarder dans le temps l'émergence à la per-
     sonne par rapport à l'émergence au langage ou à l'outil.
(12) Cf. I. LAKATOS, Falsification and the Methodology of
     scientific Research Programmes, in LAKATOS and MUSGRAVE
     (ed.), Criticism and the growth of knowledge, Cambridge,
     U.P., 1970. - Toutefois, il semblerait - mais il
     faudrait reprendre la question - que cette proposition
     théorique critique ne soit pas toujours, dans la théorie
     de la médiation, d'ores et déjà une théorie linguistique
     (hormis en glossologie). Sur ce point, cf. J.C. MILNER,
     La constitution du fait en linguistique, in P. ACHARD,
     M.P. GRUENAIS, D. JAULIN, Histoire et linguistique, P.,
     Ed. de la Maison des sciences de l'homme, 1984, pp.
     177-190.
(13) SM, p. 43.

2. Du langage et des langues, ou d'une sociologie

On vient de l'évoquer: Gagnepain dissocie dans la rationalité humaine
- l'acculturation de l'indice et du sens en concept à travers l'instance grammaticale du signe (plan 1),
- et l'acculturation de la vie de l'espèce (de la sexualité et de la génitalité) en histoire (en rapport à l'autre et à autrui) (plan 3).

Dans la mesure où nous nous approprions le langage et où nous le partageons, il y a interférence de ces deux plans, intersection qui est le domaine de ce qu'il appelle une "sociolinguistique". Dans cette modalité du plan 3 (sociologique), la rationalité du langage prend la forme des langues, des idiomes qui caractérisent les différentes communautés linguistiques, la multiplicité de ces communautés (variétés dialectales, variations entre les générations).

Cette dissociation entre le langage comme lieu de la grammaticalité et les langues comme lieux de l'idiomatisation est aussi fondée en clinique, on l'a signalé à l'instant. Dans la mesure où cette distinction fait sa place au propre du langage, à ce qui s'opère de sa structure (abstraite) spécifique, on pourrait voir la théorie de la médiation comme un aboutissement - rigoureux et expérimentalement construit - de l'effort patient, constant de Saussure pour venir à l'abstraction, par là au propre du "système de signes" contre, malgré, en dépit de ce qu'il rencontrait au départ, à savoir des réductions sociologisantes (14). Les formulations

_____

(14) Sans doute nombre d'épigones "structuralistes", en particulier dans la dérive fonctionnaliste, n'ont-ils pas toujours su percevoir cet enjeu chez Saussure à travers les élaborations successives de son enseignement. Pourtant, le concept dit de "communication" n'opérait que ceci: "ne retenir de la multiplicité des êtres parlants que ce qui est nécessaire à constituer un réel calculable comme langue: soit deux points, l'un d'émission, l'autre de réception, deux points symétriques, dotés des mêmes propriétés, indiscernables donc, sinon par leur dualité numérique" (J.C. MILNER, Linguistique

de Saussure, sur le rapport de la "langue" et des langues, se ressentent, on l'a bien montré, de la progression de son travail théorique pour former le concept de "langue". D'où des ambiguïtés, parfois aggravées par ses éditeurs (15).

On sait que chez Saussure, la métaphore sociologique, empruntée à Whitney et dont il n'aura de cesse de se démarquer, c'est d'abord - en particulier pour le comparatiste qu'il a été - affirmer une position historique contre une position naturaliste et organiciste à propos du langage, c'est détacher la linguistique de l'hypothèse qui en ferait une science naturelle: "ce qui compte, d'ailleurs, c'est que cette faculté - naturelle ou non - d'articuler des paroles ne s'exerce qu'à l'aide de l'instrument créé et fourni par la collectivité" - la langue résulte d'un "contrat passé entre les membres de la communauté (...) l'individu a besoin d'un apprentissage pour en connaître le jeu" (16).

Pourtant, même quand il évoque ainsi le contrat, c'est autre chose qui intéresse Saussure. On le voit bien quand, après 1894, il évite soigneusement le terme de convention (17): le conventionnalisme, en effet, implique que les termes dont on dit que par convention l'identité est établie, sont déjà identifiés. Or, la "langue", en tant qu'elle procède aux identifications et diversifications, précède toute convention, tout accord censé opérer sur un signifiant et un signifié. La faiblesse du conventionnalisme, souligne Tullio de Mauro, c'est bien, aux yeux de Saussure, de croire encore à

---

(14) (suite) - et psychanalyse, in Ornicar 1, janvier 1975, p. 68). Mais on sait les polémiques naïves et péremptoires des "sociolinguistiques" qui sévissent aujourd'hui. Sur cette question, cf. notamment F. KERLEROUX, Aspects utopiques d'un discours de la sociologie sur la langue, in S. AUROUX et al., La linguistique fantastique, P., J. Clims-Denoël, 1985, pp. 339-346; et O. DUCROT, Le dire et le dit, P., Ed. de Minuit, 1984, chap. IV.
(15) Sur tout cela, cf. Cl. NORMAND, Langue/parole: constitution et enjeu d'une opposition, in Langages 49, mars 1978, pp. 66-90.
(16) Cité par Normand, art. cit., pp. 70 et 75.
(17) TM, p. 442.

la langue comme à une nomenclature, un étiquetage des choses. C'est pourquoi Saussure a finalement préféré le terme d'arbitraire: le signe est "radicalement arbitraire", c'est-à-dire que les articulations, les découpes que trace la "langue" dans la masse acoustique et la "nébuleuse amorphe" des sens sont purement immanentes, relèvent de son ordre propre, ne dépendent d'aucune raison extrinsèque au jeu signifiant de différences pures. Aussi Saussure peut-il affirmer fortement, qu'"un homme privé de l'usage de la parole conserve la langue pourvu qu'il comprenne les signes" (18). (Inversement, on dirait, dans la théorie de la médiation, qu'un aphasique n'est pas muet ou, dans le même sens, qu'un sourd-muet conserve le langage s'il a accès à la grammaticalité).

La "langue" donc, chez Saussure, "n'est pas une institution sociale en tous points semblables aux autres" (19): "ce caractère arbitraire sépare radicalement la langue de toutes les autres institutions" (20).

C'est ainsi qu'on lit dans le Cours des formulations en quelque sorte contradictoires, mais qui indiquent bien l'orientation de sa recherche: la langue est "un trésor déposé par la pratique de la parole dans les sujets appartenant à une même communauté, un système grammatical existant virtuellement dans chaque cerveau".

Ainsi finit par s'affirmer la prépondérance de l'ordre formel, sensible notamment dans son exposé sur l'analogie (21), sur l'apparition de formes nouvelles pourtant conformes à la déductibilité du système: l'analogie est une "manifestation de l'activité générale qui distingue des unités pour les utiliser ensuite. Voilà pourquoi nous disons qu'elle est tout entière grammaticale et synchronique".

(Car "en matière d'analyse, on ne peut établir une

---

(18) CLG, p. 31.
(19) CLG, p. 26.
(20) CLG, p. 110.
(21) CLG, p. 226 et sq.

méthode ni formuler des définitions qu'après s'être placé dans le plan synchronique" (22): il est clair, dans ces deux passages, que la "synchronie" n'est pas ce qui s'oppose à la diachronie, comme s'il y avait deux points de vue possibles sur la langue, ou deux aspects dans la langue (in re):c'est la condition même de possibilité pour penser l'objet "langue") (23).

Dès lors, si est "langue" ce qui est distinctif, relevant d'un système de signes définis par pure négativité, comme "jeu de valeurs oppositives" (24), les positions sont retournées. Il ne s'agit pas de choses à désigner à l'aide de mots, la désignation faisant alors l'objet d'un contrat social, au contraire: il y a de la langue, rien sur l'origine n'est présupposé, et simplement il se trouve que la langue est effectuée dans une société. Et comme le note pertinemment Cl. Normand (25), Saussure ne s'intéresse pas au lien entre ces deux pôles (langue et société), il "ne fournit aucune notion directement opératoire à une linguistique sociale".

Dans ce travail, dans cette élaboration de la pensée de Saussure, on peut, nous semble-t-il, voir se profiler le distinguo entre les plans 1 et 3 qu'articule la théorie de la médiation.

Mais se profiler, seulement. Car la difficulté ressurgit quand il s'agit de situer l'histoire. De notre point de vue, tout se passe alors chez Saussure comme si la logique qu'il a développée et qu'on vient de rappeler, le conduisait à une non-distinction des deux plans. Pour lui, la "langue" est bien une "institution sans analogue", et "il serait vraiment

---

(22) CLG, p. 253.
(23) Sur ceci, cf. J.L. CHISS, Synchronie / diachronie: méthodologie et théorie en linguistique, in Langage 49, mars 1978, pp. 91-111. De cette conception de Saussure, découle l'ordre qu'il aurait donné à son exposé: de l'aspect historique concret des langues à la "langue", cf. TM, p. 474, n. 291.
(24) Témoignage cité par TM, p. 361.
(25) Art. cit., p. 81.

présomptueux de croire que l'histoire du langage doive res-
sembler même de loin (...) à celle d'une autre institution"
(26), de sorte que le conventionnalisme ne permet pas de
rendre compte du "tourbillon des signes dans le temps" (27).
Ce qui permet de comprendre l'évolution linguistique, à ses
yeux, c'est justement l'arbitraire. Car si les signifiants
donnaient conformation pour des causes inhérentes à la
matière acoustique et si les signifiés reflétaient des
discriminations leur préexistant, alors le signe serait
naturel et donc en-deçà de l'histoire. C'est, à ses yeux, de
la même façon, par la même _ratio_, que les signes - ces
distinctions dont le système a la norme en lui-même par pure
immanence - sont historiques _et_ arbitraires.

Ce qui ressortit à l'histoire et ce qui ressortit à la
structure glossologique se confond ainsi en un point (la
question de l'historicité des langues): "en fait, aucune
société ne connaît et n'a jamais connu la langue autrement
que comme un produit hérité des générations précédentes et à
prendre tel quel" (28). La difficulté vient ici de ce que, en
effet, la distinctivité structurante du langage n'a point
d'autre révélateur que l'_usus loquendi_ de communautés
linguistiques particulières: s'il n'y a pas, pour Gagnepain,
de grammaire _du_ français, on peut néanmoins étudier la grammaticalité du signe à partir (notamment) de sa manifestation
_en_ français.

Mais dans la théorie de la médiation, l'histoire ne peut
être tirée de la structure glossologique elle-même. Il ne
s'agit donc pas ici de remonter à des "racines", mais d'analyser, par la déconstruction qu'opèrent les pathologies du
plan 1 et du plan 3, le principe de nécessité logique et le
principe d'origination que l'homme porte en lui - sur le plan
du signe et sur celui de l'être (acculturation de l'objet/du
sujet par négativité instantielle de la grammaire/de l'eth-

---

(26) TM, p. 449, aussi CLG, p. 149 par ex.
(27) SM, p. 50.
(28) CLG, p. 105.

nique et par réinvestissement de la rhétorique/de la politique - respectivement): les deux plans - langage et histoire - s'articulent selon des logiques analogues mais distinctes, interférant dans la diversité effective des langues. S'il n'est "aucun rudiment de fait linguistique hors du point de vue qui préside aux distinctions", celles de Gagnepain spécifient d'une part le propre des processus grammaticaux, d'autre part l'idiomatisation, qui est appropriation dans la temporalité d'une différence au niveau ethnique: "Si le monde est sens, c'est parce que nous le parlons; si le mondes est histoire, c'est parce que nous le légalisons" (29).

3. Le modèle glossologique

Si l'on s'en tient à l'analyse de la rationalité qui relève du plan 1, celui du savoir et du langage, la dette intellectuelle que Gagnepain reconnaît à Saussure est manifeste dans le principe d'immanence du signe, ici radical, et dans la définition strictement négative des identités - tant sur la face sémiologique (signifié) que sur la face phonologique (signifiant) du signe.

"Le langage, écrit Gagnepain (30), n'est qu'un système de rapports qui ne connaît que son ordre propre et ne renvoie jamais qu'à lui-même". De même que le vide purement différentiel du signe saussurien écartait tout substantialisme (toute objectivité physique, toute propriété logique, tout caractère psychologique posés hors la "langue"), la dialectique chez Gagnepain consiste d'abord en un mouvement de non-adhérence aux choses, évidement de la sériation naturelle de l'indice au sens, soit la "grammaire". Ainsi, le signifiant "n'est nullement à chercher, quelque raffinée qu'en soit la technique, dans l'objectivité des formants (acoustiques) enregistrés, mais dans l'analyse qu'en fait implicitement le locuteur (y compris le phonéticien)" (31) et

(29) Gagnepain, Séminaire 2 - 1986 (inédit).
(30) VD, p. 65.
(31) VD, p. 27.

d'autre part, on ne peut "en toute rigueur parler de sémiologie qu'à condition de rompre avec le mentalisme et de se
résigner à l'induire des marques grâce auxquelles le signifié
s'avère dénoté" (31) (32). Aussi bien est-il vain d'"espérer
faire l'inventaire des choses à dire préalablement au langage
(...); aussi bien n'existe-t-il pas de premier mot, mais
suffit-il, en revanche, d'en avoir deux pour que l'expression
soit néanmoins réputée complète" (33).

Cependant, la rigueur de cette interprétation purement
immanente s'étend chez Gagnepain à la totalité d'une _dialec-
tique_. En effet, la médiation culturelle commence avec l'abstraction grammaticale, le discret prononcé sur la sériation
(qu'il appelle "symbole") de l'indice qu sens, laquelle relève encore de "la conscience animale" - opération donc de
non-coïncidence, d'évidement, qui fait du son du signifiant
et du sens du signifié. En outre, elle se poursuit dans
l'opération de réinvestissement de la forme pure qu'est cette
instance grammaticale, en désignation, en constitution du
"concept" (où se trouvent incluses appellation, prédication,
présuppositions et inférences): le référent est tendan-
ciellement constitué à travers cette phase rhétorique, _au
terme de_ la dialectique. La référence résulte comme opération
de langage: nous "causons" le monde, "c'est parce que nous le
parlons que nous le nécessitons" (34).

---

(32) Dans ce passage (et d'autres) sur la "marque", on trou-
     verait une autre manière de "fidélité" au point de vue
     saussurien: dans la stricte symétrie et garantie que
     chacune des faces du signe représente pour l'autre. En
     effet, chez Gagnepain, la dénotation dans le signifiant
     est gage d'une différence de signifié de même que sa
     pertinence pour un signifié authentifie un signifiant:
     la marque comme "vecteur d'un sème" (dénotation) ne se
     confond pas avec la chaîne des phonèmes. Ici encore, la
     clinique oblige à distinguer: elle établit qu'une alté-
     ration de la marque, chez l'aphasique, n'est pas néces-
     sairement un trouble phonologique.
(33) VD, p. 30.
(34) De là rien ne suit au plan 1 quant aux différences de
     pensée qui existeraient d'un peuple à l'autre, au sens
     de l'hypothèse attribuée à Sapir-Whorf. L'instauration
     de ces différences relèveraient du plan 3 - de l'accul-
     turation du devenir de l'espèce en histoires propres.

L'ensemble de cette dialectique (symbole - négativité de la grammaire - rhétorique: de la sériation à la référence) fait apparaître comme processus dynamique interne au plan 1 ce qui, chez Saussure, était énoncé comme simple position: du rapport du signe à la "chose" qu'il désigne, Saussure se bornait à dire que le signe linguistique n'unit pas une chose et un nom (35). Quant au point d'appui naturel initial de la dialectique (appelé ici "symbole"), Saussure n'en a pas dit davantage: sans nier qu'il y ait par ailleurs phonation et perception, il déclare sans plus que son et pensée sont, hors de "la langue", linguistiquement "confus et amorphes" (36).

Le caractère abstrait de la "grammaire" (au sens de Gagnepain) ressort de manière frappante encore dans la définition de chacune des faces du signe, sous l'angle du négatif. Ainsi, du côté du signifié, le sème peut simplement être dit non-confusion; il est polysémique, c'est-à-dire non pas pluralité des sens possibles (comme si l'on pouvait additionner du positif), mais négligence de la totalité des effets de sens: simplement "pas-ça", pure négativité, pure différence (37). La rigueur ici passe de loin celle de bon nombre de "structuralistes".

Fait remarquable, la logique de cette définition purement négative concerne non seulement l'axe taxinomique, celui des identités (p. ex. le "sème"), mais encore l'axe génératif, celui où l'on compte les unités (p. ex. les "mots"). Ici, on

---

(35) CLG, p. 98. Cf. le commentaire subséquent de la notion de "communication" par O. DUCROT, in Qu'est-ce que le structuralisme ?, P., Seuil, 1968, p. 52, dans le sens de notre note (14).
(36) CLG, p. 157.
(37) Et non sélection positive à la manière de Jakobson. Dans la différence, ce qui n'est pas ça continue d'en être; dans la sélection, en choisissant on exclut. La différence, c'est la phase grammaticale; le choix, celle du réinvestissement rhétorique (qui autorise alors la synonymie) - respectivement signification et désignation. Mais tout ceci reste purement langagier (plan 1). C'est à distinguer de la dénomination dans telle langue: dimension historique du "baptême du monde" (plan 3), que Gagnepain appelle "onomastique" - Séminaire 2 - 1986 (inédit).

dira de l'unité qu'elle est polyrhémique, c'est-à-dire
négligence - en tant que, précisément, elle fait un - de sa
complexité interne (38). L'axe des unités, où l'on compte
("pas-là") répond à la même logique que l'axe des identités,
où l'on différencie ("pas-ça"): tous les rapports, sur les
deux axes, sont dits in absentia. "Tout est absent en
grammaire, y compris la coexistence des segments" (39).

Ce qui donc est en cause sur cet axe génératif, c'est
simplement le principe de construction - non la successivité
phénoménale de productions de langage comme on les recense-
rait dans un corpus. Ce dernier, lui, est un phénomène historique relevant du plan 3: si Gagnepain récuse le corpus "comme garant du système qu'à partir de lui on induit", c'est
parce que, "eût-on mis bout à bout tout le savoir concevable,
on ne saurait par là passer directement au signifiable" (40).
Ainsi la distribution ou plutôt la segmentation aussi s'opè-
re-t-elle dans un cadre implicitement (= par l'instance grammaticale) limité: elle est, comme la substitution ou plutôt
la différenciation, fondamentalement instantielle (en visée
d'être réinvestie rhétoriquement, dans la coupe prédicative).

On n'opposera donc pas des rapports in absentia (la
"série mnémonique virtuelle" de Saussure) à des rapports in
praesentia (ceux que Saussure appelait syntagmatiques, repo-
sant "sur deux ou plusieurs termes également présents dans la
série effective") (41).

Mieux, l'expérience clinique en aphasiologie conduit à
proposer une double analyse instantielle, une analyse en
profondeur, par projection des axes l'un sur l'autre. Ainsi
on définira la syntaxe comme le maintien régulier d'une
identité (taxinomie) sur la pluralité des unités (génératif) - soit la capacité de constituer une solidarité

---

(38) Ainsi, pour-le-thé et Ø-le-thé sont également "unité".
(39) VD, p. 35.
(40) VD, p. 48.
(41) CLG, p. 171.

entre unités par permanence du même, capacité d'ajouter sans changer (ex.: la réitération du "sème" de nombre que peut être un accord). La syntaxe s'origine dans la capacité taxinomique de différencier les sèmes et s'accomplit sur l'axe génératif où l'on segmente en unités. A l'inverse, le paradigme, flexionnel ou dérivationnel, est lu comme variabilité interne de l'unité, soit comme projection du "texte" (axe génératif du comptage des mots) sur le "lexique" (axe taxinomique de non-confusion des sèmes).

On le saisit évidemment: cette conception-là, outre qu'elle soustrait à l'observation immédiate (?) la capacité d'élaborer du paradigme, du même coup ne voit en rien dans la chaîne ou le "texte" une combinatoire d'unités préformées, à quoi trop souvent et diversement s'est trouvée réduite l'analyse syntaxique. On mesure la distance d'avec Saussure, dont on connaît l'embarras: "il faut reconnaître que dans le domaine du syntagme il n'y a pas de limite tranchée entre le fait de langue (...) et le fait de parole" (42) - de sorte qu'il fait l'impasse sur la phrase comme objet possible de la description linguistique ("la phrase est le type par excellence du syntagme. Mais elle appartient à la parole, non à la langue" (43), en raison de la liberté des combinaisons possibles).

La source de cette analyse projective (en profondeur) du paradigme et du syntagme est une fois encore à chercher dans la clinique: "Ce ne fut pas la moindre de nos surprises, en effet, que d'être obligé de constater, après beaucoup de résistance, que le paradigme se maintenait conjointement avec le mot chez ceux de nos malades dont le trouble était lexical et que ceux, à l'inverse, chez qui le texte était atteint gardaient précisément le sème et le syntagme" (44).

---

(42) CLG, p. 173.
(43) CLG, p. 172.
(44) VD, p. 49.

4. Final

A. La glossologie - soit la théorie de la médiation s'exer-
çant sur le plan du savoir et du langage, dit plan 1 -
"n'analyse pas le langage, mais théorise l'analyse qu'est le
langage" (45).

Les tests soumis aux aphasiques, dits grammaires élémen-
taires induites, ne correspondent à aucune langue existante,
même s'ils en ont une pour support: ils correspondent aux
processus constitutifs du langage, ils aident à construire
comment s'élabore ou se désintègre la représentation humaine.

B. Cette vision dynamique (dialectique) et cette approche
expérimentale (clinique) rencontrent pourtant - à travers une
manifestation pathologique - cet impossible à dire (impossible de tout dire et de ne pas dire d'une certaine façon), ce
fait du grammatical où J.C. Milner voit "un réel au sens de
Lacan" (46). Cet impossible donné à l'intuition comme une
inégalité entre productions de langage, comme des limites
dans quoi inéluctablement elles s'inscrivent, on pourrait le
trouver dans les innombrables corrections, (souvent inabou-
ties, parfois heureuses) ou commentaires que tel aphasique
apporte aux tests qu'on lui propose, le pressentir dans les
erreurs elles-mêmes (p. ex. dans la multiplication, l'expansion, la fluence indéfinie à quoi se voue le Wernicke phonologique dans sa quête à saturer les possibilités de partiels
de l'unité-phonème), l'entendre dans ce commentaire laconique
d'un aphasique que rapporte R. Guyard (47):
"Excusez-moi, mais les mots arrivent à se tromper" (48).

---

(45) Gagnepain, Séminaire 10 - 1984 (inédit).
(46) De la syntaxe à l'interprétation. Quantités, insultes,
exclamations, P., Seuil, 1978, pp. 9-11. Et L'amour de
la langue, cité ci-dessus.
(47) Le test du test in Tétralogiques 2, 1986, p. 112.
(48) Il s'agit bien chez l'aphasique d'"erreurs" de grammaticalité, non de "fautes" relatives à une langue standard socialement normée.

C'est ce réel, nous semble-t-il, que le modèle glossologique - en deux phases (grammaire-rhétorique), deux faces
(signifié-signifiant), deux axes (taxinomique-génératif)
susceptibles d'une double projection (paradigme-syntagme) -
tente de construire. Dans ce travail, ne peut-on retrouver
celui-là même par lequel Saussure avait tenté d'élaborer ce
réel en tableaux de régularités, dans la notion de langue
comme "forme" ?

C. Dans le geste par lequel Saussure fondait la linguistique
comme écriture de science, il se proposait de ne traiter,
après avoir fait le tour de la diversité concrète du "langage", que l'objet dénommé "langue". La linguistique saussurienne n'est pas "totale": de ce qu'elle tient pour représentable, elle écarte en particulier le sujet de l'énonciation (49).

Dans la théorie de la médiation, le "deuil" porte sur le
privilège même de "l'objet langue": "ni le langage ni l'art
ni la société ni le droit ne sauraient globalement constituer
l'objet d'une science; chacun d'eux ressortit pour son
explication à autant de vérités que de raisons qui y contri-
buent (...); dans la mesure où pour nous ni le langage ni
l'art ni la société ni le droit ne sont en eux-mêmes des
objets scientifiques, chacun d'eux est déconstructible dans
les quatre plans, autrement dit même s'il y a un plan
spécifique pour chacune de ces manifestations culturelles,
chacune aussi ressortit à l'ensemble des autres par leur
intersection" (50).

Soit à parier sur la fécondité heuristique que recèlent
les analogies que le modèle élabore entre les quatre plans, à
revenir interroger l'écriture, les langues et les discours
aux intersections avec le langage.

---

(49) Ce point mériterait d'autres développements, relatifs,
notamment, au plan 4 de la théorie. Cf. aussi, pour les
précisions, O. Ducrot, Le dire et le dit, cité ci-dessus.
(50) Gagnepain, séminaire 2, 1986 (inédit).

BCILL 40 : Anthropo-logiques 1 (1988), 93-167

LA DESCRIPTION GRAMMATICALE COMME MISE A L'EPREUVE DES FRONTIERES FORMELLES:
La syntaxe du présentatif "c'est X qui/que verbe" en français.

René JONGEN

1.1. Notre propos est d'interroger la grammaticalité des syntagmes illustrés par les exemples suivants, et que par commodité terminologique nous appellerons dorénavant "syntagme présentatif" [1]:

(1) C'est -- lui-même   -- qui l'a dit
(2) C'est -- sa réponse   -- qui nous importe
(3) C'est -- l'argent   -- que je veux
(4) C'est -- de ta réponse   -- que tout dépend
(5) C'est -- pour toi   -- que je suis venu
(6) C'est -- ici   -- que j'habite
(7) C'est -- demain   -- que je reviens
(8) C'est -- tomber   -- qu'elles font, les feuilles
(9) C'est -- parce qu'il fait peur   -- qu'on l'évite
(10) C'est -- quand   -- que c'est arrivé ?

Nous ne cachons pas que nous nous sommes laissé guider, dans le choix de notre objet d'investigation, par le souci d'illustrer sur le vif les exigences que la théorie de la médiation fait peser sur toute entreprise de description grammaticale. Comme nous le verrons, les analyses "théoriquement" possibles du présentatif sont multiples, et leur

---

[1] Ainsi, J. PINCHON (1986) parle à leur propos de "structure à présentatif" (p. 294).

confrontation nous donnera l'occasion de montrer où se cachent les écueils qu'à notre avis le descripteur doit contourner, les tentations auxquelles il lui faut résister.

Par ailleurs, il est évident que l'identification de ces écueils ne peut se faire dans l'absolu, mais suppose une référence à un modèle théorique. La croyance, avouée ou non, à un objet d'étude qu'il suffirait de soumettre à l'observation empirique est une illusion positiviste, qui ignore que ce que nous prenons pour des faits ne sont jamais que des hypothèses conceptuelles que, par capacité langagière, nous projetons sur le monde. Ainsi, déjà le monde n'existe que parlé, que conçu. Cette lucidité épistémologique s'impose en quelque sorte doublement dès qu'on prétend interroger des facultés spécifiquement humaines. Ainsi, vouloir rendre compte d'un processus qui ressortit, pour l'essentiel, à la capacité humaine de grammaticalité langagière, exige que l'on se réfère aux préalables d'une théorie, épistémologiquement et scientifiquement fondée, des déterminations rationnelles constitutives de la faculté humaine de langage. Cette théorie sera ici la théorie de la médiation de Jean Gagnepain. Notre propos n'est cependant pas d'en démontrer le bien-fondé ou la vertu heuristique, mais plutôt d'en illustrer les implications et d'en jouer les retombées sur le travail descriptif du grammairien.

Ce qui définit la particularité - et par là, simultanément, la nouveauté - de la théorie de la médiation, c'est et son fondement épistémologique (prise en compte de la spécificité épistémologique de l'objet, qui est le sujet humain dans sa capacité même d'autoformalisation), et son fondement scientifique expérimental (incorporation dans la démarche scientifique d'une phase hypothético-déductive de vérification expérimentale). Le premier impose la construction (et non l'induction empirique) d'un modèle susceptible de rejoindre le postulat fondamental de la formalisation incorporée. Le deuxième impose l'instauration d'une clinique expérimentale, qui permette d'envisager la pathologie culturelle comme lieu de résistance susceptible d'accueillir une vérification externe de la justesse des propositions introduites dans le modèle théorique.

S'agissant ici d'un travail d'élucidation de la grammaticalité syntaxique, nous nous contenterons d'un exposé succinct des seuls principes théoriques qui puissent en informer l'interprétation. Nous ferons donc l'économie de la référence clinique. Nous négligerons aussi la déconstruction des plans, et son corollaire, qui est l'inéluctable interférence, dans la constitution du phénomène verbal, des déterminations d'une même logique de médiation mais réfractée sur plusieurs plans autonomes. En l'occurrence, nous ferons semblant d'ignorer que la syntaxe est française, c'est-à-dire inscrite dans une langue historiquement déterminée et sociologiquement in-for-mée par un double processus d'idiomatisation et de convention. Cela ne nous empêchera pas d'y renvoyer occasionnellement. Mais - une fois admise la nécessité de distinguer, parmi les médiations qui concernent le phénomène verbal, celle, glossologique, qui le spécifie comme langage, c'est-à-dire comme ressortissant à la rationalité du dire humain -, l'essentiel de notre travail portera sur les exigences descriptives que nous impose le modèle glossologique. C'est ce modèle, en ce qu'il définit les modalités spécifiquement humaines de traitement du sens par le langage, qui permet au grammairien d'élaborer des stratégies descriptives efficaces. Efficacité qui ne se mesure ni à la cohérence du discours produit, ni même à son pouvoir explicatif: la cohérence sémantique, n'étant que l'effet de l'exploitation de nos capacités langagières, ne garantit en somme qu'elle-même, c'est-à-dire le bon fonctionnement du langage. Mais la grammaire, comme objet glossologique, n'est pas pour nous un objet à formaliser, mais au contraire un objet déjà formalisé (formalisation incorporée). Tout l'effort du descripteur doit dès lors porter sur les moyens qu'il se donne pour retrouver les divers aspects de cette formalisation. Quant au pouvoir explicatif, il n'a aucune vertu discriminatoire, étant entendu que toute théorie est, par définition, explicative. Et ce ne sont pas les faits qui déterminent la théorie, mais, inversement, la théorie les faits...

Nous pensons au contraire que le seul critère susceptible

de fonder l'efficacité des procédures descriptives est la référence explicite au modèle de la formalisation incorporée. C'est, d'une part, prendre au sérieux la vertu scientifique et heuristique du modèle. Et, d'autre part, se donner les moyens de déjouer les pièges auxquels expose fatalement toute investigation qui omettrait de se référer à une théorie de l'humain qui soit épistémologiquement et expérimentalement fondée. De telles pratiques descriptives sont malheureusement légion, qui pèchent soit par confusion des plans, prenant par exemple pour logique grammaticale (langage) ce qui n'est que codification de langue, soit par cécité positiviste, confondant l'ordre implicite et négatif de la structure grammaticale et l'ordre explicite et positif de la structuration conceptuelle, s'imaginant rejoindre la formalisation, cachée mais inhérente et immanente, qui fonde la structure, en opérant, sur le seul phénomène observable, une formalisation conceptuelle et positivante.

1.2. S'agissant, dans le cas du présentatif, d'un processus syntaxique, il faut commencer par s'interdire certaines pratiques descriptives que la référence au modèle de la médiation langagière conduit à dénoncer comme inefficaces et fallacieuses. Définissant la syntaxe comme une _faculté glossologique grammaticale_ (nous y reviendrons), il nous faut prendre en compte _et_ la spécificité du plan glossologique par opposition aux autres plans, _et_ celle de l'ordre grammatical par rapport à l'ordre conceptuel (constitutifs tous deux, simultanément mais dialectiquement, du signe langagier), _et_ celle de l'analyse syntaxique par rapport aux autres analyses constitutives de la grammaticalité langagière. Ne pas confondre les plans, c'est assumer que la rationalité humaine est polymorphe, se réfractant sur plusieurs plans. Isoler le plan glossologique, c'est accepter d'interroger séparément la modalité spécifiquement humaine de traitement du dire: émergence humaine au signe langagier, acculturation de la représentation animale en analyse langagière. Interroger, dans le langage, le pôle grammatical, c'est savoir que "l'objet" d'investigation choisi n'existe que comme envers dialectiquement contradictoire, négatif, abstrait, mais fondateur, du pôle conceptuel et positif de la production rhétorique de

sens. La grammaire, pôle instantiel de la dialectique langagière, est négativité formelle, complémentairement et dialectiquement contredite par un pôle conceptuel-rhétorique de
positivisation référentielle: le sens humain n'existe que
comme synthèse positivisante mais toujours provisoire, d'une
négativité grammaticale, impropre parce que immanente. Le
sens humain contient, en filigrane, la logique formelle du
non-sens, dont il réinvestit référentiellement le découpage
négatif. Ainsi, le pôle rhétorique voile la structure qu'il
contredit et qui pourtant permet de le poser. Pour le descripteur, il en découle que la grammaire, ne pouvant
s'observer, doit être mise à l'épreuve de ses frontières
formelles. Il en va de même de l'analyse syntaxique.

Pour nous, le langage humain est une dialectique (2).
L'homme _analyse_ la gnosie, la représentation et le symbole en
en _formalisant_ les termes: l'émergence au langage coïncide
avec l'acculturation formalisante du son et du sens en _signi-_
fiant (phonologie) et en _signifié_ (sémiologie). Ainsi, le
langage nous permet d'échapper au lien son-sens, et d'accéder
à la pensée. Le signe est simultanément mais contradictoirement structure et concept, négativité immanente grammaticale
et positivisation référentielle rhétorique.

Le signe langagier est d'abord - mais il s'agit d'une
"antériorité" exclusivement logique - pure _forme_, univers
structural où rien de positif ne subsiste, fondé sur le seul
critère d'immanence et constitué par le vide de la définition

---

(2) Nous nous limiterons ici à un exposé succinct de la
   théorie glossologique de la médiation langagière. Outre
   que nous ne pouvons parler la bouche pleine ni dire tout
   à la fois, nous avons délibérément opté pour le point de
   vue particulier du descripteur grammatical. Le lecteur
   désireux d'approfondir le modèle langagier lira avec
   fruit J. Gagnepain (1981, surtout la première partie: Le
   signe), et les développements théoriques dans Tétralogiques 1, 2 et 3, dans S. Allaire (1982), M. Hériau (1980),
   J.Y. Urien (1982) et (1987). D'autre part, certains
   concepts fondamentaux de la logique langagière (identité
   structurale, polysémie, identité conceptuelle, synonymie,
   syntaxe...) seront explicités et interrogés dans la suite
   du présent article.

négative. Cette faculté de formalisation, constitutive de la
rationalité humaine, nous l'appelons "instance", et, envisagée sur le seul plan du dire, nous l'appelons "grammaire".
Avoir la maîtrise grammaticale, c'est avoir l'analyse formelle phonologique et sémiologique (les deux faces du versant
grammatical du signe) et, sur chaque face, avoir l'identité
oppositive négative (analyse taxinomique classificatoire en
sème et trait distinctif) et l'unité contrastive négative
(analyse générative segmentale en mot et phonème). C'est en
outre maîtriser la projection de l'identité sur l'unité
(syntaxe et concaténation) et la projection de l'unité sur
l'identité (paradigme et corrélation).

Ainsi, le signe grammatical a _deux faces_ (phonologie et
sémiologie), et est constitué, sur chaque face, par une
double axialité: celle, taxinomique, d'un découpage formel en
de l'identité, par différenciation oppositive (idem/alius);
et celle, générative, d'un découpage formel en de l'unité,
par segmentation contrastive (ipse/alter). Identité et unité
structurales sont exclusivement définies par les frontières
formelles de la grille abstraite des oppositions négatives et
des contrastes négatifs. Ce qui ainsi s'instaure, _dans l'in-
différence sémantique et sonore_, c'est de la pure valeur,
signifiante et signifiée, signification, impropre, polysème
et polyphone, car fondée dans la négativité du vide
structural.

A cette double analyse, classement taxinomique (lexique)
et dénombrement génératif (texte), s'ajoute une double
analyse de l'analyse, par projection d'un axe sur l'autre. Le
règne de l'un sur le différent _catégorise la différence, dans
l'unité_, et produit de la différence partielle ou similarité.
Ainsi, les différences sémiques "tu dors" et "nous dormions"
deviennent, dans l'unité du mot verbal, variations morphématiques flexionnelles autour d'une même identité catégorielle
invariante: c'est le paradigme (ou morphologie). Par contre,
le règne de l'identique sur le pluriel des mots _re-distribue
la pluralité_, dans _l'identité_ d'une permanence sémique, et
produit de la pluralité partielle ou complémentarité. Ainsi,
les mots "pour-les-garçons" et "elle-dort" deviennent, dans

l'identité d'un même choix "<u>sujet de == verbe de</u>" (effacement de la préposition + effacement du pronom + accord), constituants complémentaires intégrés dans une unité syntaxique plus profonde (O-les-garçons == O-dorm-<u>ent</u>). Ainsi, l'émergence à l'instance structurale langagière implique la maîtrise de quatre principes formels: identification, segmentation, inclusion et intégration.

Mais cette logique structurale a une destination référentielle. Parler n'est pas dire la grammaire, mais, sur le modèle implicite et négatif de celle-ci, en contester la logique et élaborer du sens, par recherche de propriété et d'adéquation situationnelles. C'est la dialectique langagière: la grammaire ne peut être annulée, mais doit être contredite par le critère référentiel. Cette faculté humaine de réaménagement inductif et de positivisation de la négativité formelle, nous l'appelons "performance", et, envisagée sur le seul plan du langage, nous l'appelons "rhétorique". Comme rhétoriciens, nous passons notre temps à faire sens, à contester le non-sens de la pure signification grammaticale, à rendre notre dire sémantiquement propre et cohérent. Mais le sens qui ainsi s'élabore n'est jamais que ce à quoi aboutit la médiation langagière, que la contradiction positivante de la négativité signifiée. Le sens humain ne préexiste pas au langage: il est la projection conceptuelle sur le monde d'une signification structurale, <u>qu'il contredit</u> mais <u>qui simultanément le fonde</u>. La grammaire nous permet de tout signifier, la rhétorique nous permet de réaménager du signifiable en du concevable.

Nous ne pouvons concevoir que du signifiable (c'est le déterminisme structural ou autoformalisant du dire langagier), et nous ne le pouvons qu'en le contredisant (c'est la dialectique). Ainsi, la grammaire, étant contredite, est implicite, latente et invisible. Et le message verbal ne manifeste que la phase visible et consciente de la polarité dialectique, celle qui nous permet de faire sens. Ne voir que ce visible, c'est succomber à l'illusion positiviste que le sens est extérieur au langage et peut être rejoint. Voir au contraire la médiation langagière, c'est admettre que le sens est <u>dans</u> le langage, qu'il contient toujours en filigrane le non-sens d'une grille formelle; le sens humain est une opération rhétorique de conceptualisation, toujours provi-soire et toujours conquise sur le modèle d'une signification formelle.

Ainsi, les mêmes principes logiques (identification, segmentation, inclusion et intégration) constituent la maî-trise rhétorique, mais inversement polarisés. Si <u>l'identité structurale</u> (sème) est polysème, c'est-à-dire <u>sémantiquement in-différente</u>, susceptible de toutes les différences sémanti-ques d'effets de sens, inversement <u>l'identité conceptuelle</u> est synonyme, c'est-à-dire <u>sémiologiquement in-différente</u>, susceptible de rassembler sur elle des différences sémiques. Glossologiquement, c'est-à-dire si l'on ne considère que les seules modalités humaines de traitement du dire (faisant par exemple abstraction des contraintes sociolinguistiques de langue et d'usage), le sème "roi" est susceptible de tous les réinvestissements conceptuels, pourvu que la situation à dire s'y prête. Inversement, mon ami peut rassembler sur lui une synonymie qui réinvestit en identité conceptuelle des différences structurales (ami = frère = roi = boulanger = chêne, etc.). La polarisation rhétorique mobilise un critère définitoire qui est la contradictoire dialectique du critère grammatical: ici, critère d'immanence; là, critère de référence ou d'adéquation situationnelle.

De même, si <u>l'unité structurale</u> (mot) définit le segment formel, <u>l'unité conceptuelle</u>, ou autonyme, définit le segment conceptuel, c'est-à-dire l'un des deux termes propositionnels en lesquels se dé-termine toute prédication: le terme qui désigne ce que c'est (thème ou substantif) et le terme qui désigne ce que j'en dis (propos ou prédicatif).

Il en est de même des polarisations rhétoriques du para-digme et du syntagme. La logique inclusive du premier s'in-verse en celle, sémantique-conceptuelle, du champ conceptuel. Et la logique de l'intégration syntaxique s'inverse en celle de l'expansion conceptuelle. Dans les deux cas, ce sont les mêmes principes, mais inversement polarisés: critère formel sur le pôle grammatical, critère référentiel sur le pôle rhétorique.

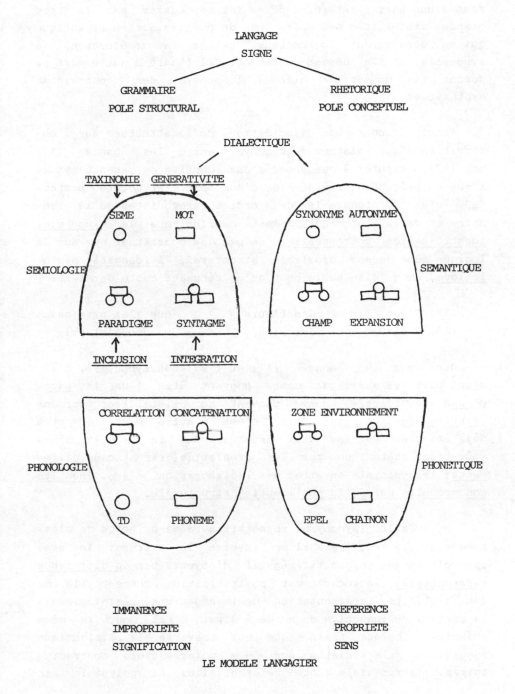

LE MODELE LANGAGIER

1.3. Si l'on veut cerner le (ou les) processus syntaxique(s) qui informe(nt) structuralement les énoncés (1) à (10), il faut d'une part s'interdire de se laisser égarer par la trop grande visibilité des opérations de positivisation sémantique qui en structurent le contenu, telles la coréférence, la synonymie et la désambiguisation. Il faudra d'autre part se donner les moyens de mise à l'épreuve des contraintes syntaxiques.

Ainsi, fonder une élucidation de la structure sur l'observation d'une relation de synonymie entre les énoncés (11) et (12), imputer à ces énoncés une identité ou parenté syntaxique en prétendant les dériver d'une même "structure profonde", c'est confondre les deux ordres antagonistes de la grammaire et de la rhétorique, c'est oublier que la synonymie, identification conceptuelle, ne peut se constituer que sur la logique même de son préalable structural, l'identité sémiologique, et qu'elle ne le peut qu'en récusant cette dernière:

(11) C'est   les fleurs   que j'ai pris(es)
(12) C'est   les fleurs   ce que j'ai pris

Dire que les énoncés (11) et (12) sont synonymes, c'est d'une part les envisager comme pouvant être l'un la paraphrase de l'autre, comme pouvant se cristalliser sur une identité conceptuelle. Mais, c'est d'autre part, admettre déjà et aussi que les deux énoncés sont le produit d'une opération rhétorique sur des préalables grammaticaux différents: la synonymie en effet est l'élaboration d'une identité conceptuelle sur de la non-identité structurale.

Le vocable (synonyme) ressortit au même principe de classement que le sème, mais il en inverse le critère: le sème est classement oppositif-négatif d'objets, par in-différence référentielle, le vocable est positivisation conceptuelle de cet implicite, confrontation de la négativité sémiologique à la résistance inductive du monde à dire. C'est donc le même principe logique taxinomique qui traverse la dialectique langagière, mais médiatisé sur deux polarisations contradictoires, structurale et référentielle. La polysémie est

virtuellement non-contradiction synonymique: non seulement la
différence sémique peut se cristalliser référentiellement sur
de l'identité conceptuelle, mais aussi et à l'inverse l'identité sémique peut se différencier conceptuellement d'elle-
même, selon l'entourage synonymique.

La synonymie voile donc deux fois la grammaire: une
première fois en récusant la différence sémique qui pourtant
l'in-forme; une deuxième fois, en récusant l'identité
sémique, polysème, dont, en disant la même chose, elle
conteste la tautologie structurale, réaménageant celle-ci en
différence conceptuelle. C'est dire aussi qu'il n'y a de
synonymie qu'en conjoncture et par conjecture. Et la
déconstruction des plans doit nous inciter à ne pas nous
laisser abuser par les contraintes de l'usage, qui, nous
imposant des acceptabilités et de savoir et de baptême du
monde, risquent - si nous ne distinguons langage et langue -
de nous rendre insensibles à la logique structurante
conjecturale de la conceptualisation. Langagièrement, nous
conceptualisons parce que nous signifions: faire sens c'est
structurer le monde (conceptualisation) sur le modèle d'une
structure grammaticale implicite (signification).

Si nous entendons sans peine que mon voisin puisse être
son professeur, le frère de Jean, cet homme, ou même (par
"métaphore" dite lexicalisée) une vache ou une cruche, c'est
essentiellement parce que nous-nous-entendons - c'est l'usage
- sur la plausibilité des situations à dire et sur l'acceptabilité des dénominations qui les baptisent. Mais rien de
langagier n'empêche mon voisin d'avoir pour synonyme par
exemple mon crayon ou le radiateur. Il suffit que la situation référentielle en induise l'hypothèse conceptuelle.

Il en découle que toute appellation, tout synonyme, est
provisoire, car toujours susceptible - par adéquation
inductive à la situation - d'exclure certains sèmes et d'en
accueillir d'autres. Ainsi, il est toujours possible
d'envisager d'autres conjectures qui instaurent une autre
identité conceptuelle et qui simultanément font éclater de
l'identité structurale en diversité conceptuelle. En d'autres

mots, ni l'identité conceptuelle (synonymie), ni l'exclusion sémantique des effets de sens qui, bien que structuralement posés, s'avèrent référentiellement inappropriés (désambiguisation conceptuelle ou appellation), ne constituent des documents susceptibles de livrer l'implicite structural qui les informe. Pour déceler les différences grammaticales, il faut au contraire en mettre à l'épreuve les frontières formelles. Le rapport syntaxique, étant formel, ne se constate pas. Mais le descripteur peut en éprouver les limites.

2.1. Les énoncés (11) et (12) ont en commun un même décompte grammatical génératif: chacun comporte trois unités, deux mots verbaux et un mot nominal:

(11) C'est (I) + les fleurs (II) + que j'ai pris(es) (III)
(12) C'est (I) + les fleurs (II) + ce que j'ai pris (III)

On peut en outre considérer que chacune de ces deux séquences d'unités est réaménageable en des décomptes conceptuels qui distribuent ces mêmes mots sur les mêmes termes propositionnels, par exemple I + III comme autonyme substantif désignant ce dont il s'agit; et II comme terme autonyme prédicatif, désignant ce qui est dit du terme substantif. Ainsi, (11) et (12) peuvent tous deux être des réponses plausibles à la question (13):

    (13)   Qu'est-ce que (c'est que) tu as pris ?

Les différences grammaticales entre (11) et (12) apparaissent aussitôt que l'on aborde le deuxième niveau d'analyse formelle. Souvenons-nous que la syntaxe, étant projection de la capacité lexicale sur l'axe génératif, complémentarise la pluralité segmentale. Faisant ainsi régner de la permanence sémique sur deux mots, elle confère à du pluriel un statut de complémentarité réciproque. En effet, la maîtrise du principe syntaxique implique d'abord la double maîtrise autonome et de l'analyse taxinomique et de l'analyse générative, et ensuite la maîtrise d'une deuxième analyse formelle générative, qui résulte de la projection du principe taxinomique d'identification sur l'axe génératif des contrastes. En d'autres mots, la syntaxe suppose qu'il y ait au préalable capacité autonome d'identification et capacité autonome de dénombrement. Mais, s'agissant de principes abstraits d'analyse formelle, identification et unification conduiraient, si elles n'étaient l'une contrôlée par l'autre, comme entraînée chacune par son propre poids, à des réductions qui menaceraient le principe grammatical dans sa finalité-même, qui est de produire du signifiable différencié et contrasté, catégorisé et intégré. On sait par exemple à quels effacements maximaux (stéréotypie) conduit l'incapacité générative du Broca: n'ayant pas l'unité, il ne peut identifier que de l'identique, montrant ainsi à quoi conduit la maîtrise du seul principe d'identité. Chez le Broca, l'identité perdure sans arrêt, car aucune limitation générative ne vient la contrôler. Chez l'homme normal, par contre, l'identification joue dans le cadre des limites génératives: intégrer syntaxiquement des unités minimales en les faisant accéder au rang de constituants complémentaires d'un syntagme, c'est identifier, non de l'identique, mais du pluriel. Ainsi, ce qui complémentarise les deux unités "pour les enfants" et "elle jouera" en un syntagme "Mot nominal sujet" - - "Mot verbal à initiale subordonnante":

(14) Ø les enfants - - O Ø joue-r-ont ,

c'est essentiellement l'instauration d'une permanence sémique dans l'ensemble des deux unités: certains choix n'ont pour seule raison d'être que d'assurer le règne de l'identique sur le pluriel. En d'autres mots, certaines identités, au lieu de signifier la négativité oppositive qu'elles signifient en soi, par inclusion lexicale, ne signifient plus ici, projetées qu'elles sont sur la pluralité du texte, que la distribution d'un même choix sur deux unités. Ainsi, le choix du cas direct dans le mot nominal (dont la marque est Ø-préposition), s'il est syntaxique, ne s'oppose plus à la virtuelle possibilité des choix prépositionnels, mais signifie, tout au contraire, l'impossibilité de ces choix, c'est-à-dire la réduction du lexique à ce seul choix, et cela aux seules fins de complémentariser "les enfants" par rapport à "joueront":

le cas direct, régnant sur les deux unités, fait accéder l'unité nominale au rang de sujet de, et l'unité verbale au statut de constituant complémentaire de ce sujet. De même, l'effacement du pronom verbal (Ø-joueront) et la réitération, dans le verbe, du pluriel nominal (joueront), témoignent de cette même permanence sémique par réduction lexicale. Dans les deux derniers cas, il y a blocage lexical, par identification plurielle: soit par impossibilité de tout choix pronominal autre que zéro (factorisation du choix lexématique nominal, déclaré valoir pour les deux unités), soit par impossibilité de tout choix suffixal de nombre autre que celui, choisi librement, au sein du mot nominal (accord en nombre).

Ainsi, ce qui est décisif en syntaxe, c'est le principe d'intégration formelle de deux mots en un rapport de complémentarité.

2.2. Insistons encore, avant d'entamer l'analyse proprement dite des différences structurales de nos exemples, sur quelques points importants.

La discussion de l'exemple (14) montre que l'élucidation de l'implicite grammatical ne peut prendre appui sur le phénomène observable, car celui-ci est la contradiction dialectique de l'instance qui le pose. Le rapport syntaxique ne se constate pas. Le descripteur ne peut qu'en éprouver les limites. La formalisation syntaxique (incorporée) est essentiellement définie par les résistances formelles à la libre signifiabilité lexicale. Ainsi, ce n'est pas le silence phonétique devant /Ø-les-enfants/ qui en fait un sujet de, mais bien l'impossibilité lexicale de tout autre choix par rapport à une unité verbale subséquente. De même, ce serait se laisser abuser par le phonétisme et le sémantisme rhétoriques que d'imputer à "le petit" une complexité sémiologique moindre par rapport à "avec les petites". Pour nous, grammaticalement, les deux sont et génativement et taxinomiquement équivalents. L'un et l'autre constituent le même programme minimal: une unité nominale simple, au sein de laquelle rien ne s'additionne ni ne se compte. D'autre part, chacun représente la même complexité lexicale taxinomique. En effet, l'une et l'autre unité comportent le même nombre de choix. En déceler moins dans "le petit", c'est ignorer que du silence phonologique peut être la marque où se dénotent des choix sémiologiques. Ainsi, les sèmes masculin, singulier et cas nominal direct ont tous trois une marque zéro: "O-le-O-petit-O-O".

D'autre part, s'il est vrai que la permanence sémique est constitutive de la complémentarité syntaxique, il l'est tout autant qu'il y faut simultanément son contraire: une liberté de choix lexicaux, dans chacune des unités. La syntaxe implique simultanément l'une et l'autre: l'absence de permanence sémique empêche d'échapper à la simple juxtaposition d'unités; la seule permanence sémique conduit à la stéréotypie, voire au silence, du Broca (redondance ou effacements maximaux). Si certains partiels échappent à la permanence sémique et à la réduction lexicale qui la dénote, c'est que tout syntagme comporte simultanément une non-permanence sémique, assurée par l'autonomie contrastive des unités. Dans le syntagme, la séquence est simultanément redevable des deux analyses: la pluralité contrastive, qui, maintenant l'autonomie du mot, admet la totalité du lexique (par exemple enfant, homme, chien, etc.; les, le, des, un, ce, etc.; joue, pleure, dort, etc.; jouera, joue, jouait, a joué, etc.); et l'intégration syntaxique, qui, supprimant l'autonomie du mot, en réduit les possibilités de différenciation lexicale. La syntaxe se fonde sur un blocage partiel de l'analyse taxinomique, sur une annulation partielle de la variabilité lexicale (qui n'a rien à voir avec l'agencement propositionnel de concepts sémantiques).

Ce qui fonde ce parenthésage formel des mots, c'est leur partielle identification: règne de l'identique sur le pluriel, persévération taxinomique au-delà des frontières de l'unité. Cette contrainte formelle (permanence sémique) impose fatalement des réductions lexicales: ainsi, la contrainte d'accord en nombre entre sujet et mot verbal annule, au niveau de ce dernier, toute opposition de nombre, ne _signifiant_ que la seule permanence sémique fondatrice du rapport syntaxique. Ce n'est, formellement, ni du singulier ni du pluriel, mais de la permanence sémique par _identification_ jouant sur _plus que un_. La signifiabilité du nombre y est annulée, ce qui n'empêche par le rhétoricien d'y investir, contradictoirement, selon les circonstances, des conceptualisations positives de multiplicité, complexité, répétitivité, etc., et même de singularité: qu'on imagine deux "courses" pour "les époux - - courent", mais une seule conversation pour "les époux - - discutent" ou une seule chute pour "les ciseaux - - sont tombés", c'est là affaire rhétorique d'adéquation référentielle, qui ne concerne en rien l'implicite grammatical, sémantiquement in-différent.

Dans le rapport syntaxique, ce n'est pas la matérialité phonologique (/-ont/), ni même l'identité sémiologique "choisie" ("pluriel") qui est décisive, mais l'annulation de la possibilité, existant par ailleurs, de choisir d'autres identités sémiques. Ce qui seul compte, c'est la permanence sémique, le règne de l'identique sur du pluriel: faire de la syntaxe, c'est poser _deux unités_ en _un même temps logique_, c'est faire régner sur _deux_ du _même_ choix lexical, quelle(s) que soi(en)t la ou les catégories sémiques "choisies" à cet effet.

La notion de _sujet_ est pour nous exclusivement grammaticale-syntaxique: nous appelons _sujet_ un _mot nominal_ qui, par rapport à un mot verbal, est intégré syntaxiquement selon un schème qui comporte
1) l'effacement du premier ou du seul pronom verbal, ainsi que le blocage sur l'accord verbal en nombre et en personne (par opposition par exemple au schème _mot verbal - - objet direct_, par exemple (15)):

    (15) Ils-∅-mangent - - ∅-une-pomme
                           (effacement du deuxième pronom verbal; aucune contrainte d'accord)

et 2) une _dissymétrie des initiales_ des deux unités:

initiale nominale bloquée (au cas direct), initiale verbale
libre (la conjonction verbale échappe à la contrainte syntaxique: "parce que les enfants - - joueront" = /∅-les-
enfants - - parce que-∅-joue<u>ront</u>/). Nous parlons, dans ces
cas, de schèmes de subordination: le constituant syntaxique à
initiale libre est subordonnant, l'autre subordonné (voir
Urien, 1982). Ce deuxième trait définitoire du concept
syntaxique de sujet permet de le distinguer du schème <u>nom</u>
<u>- - verbe relatif</u>, qui se fonde sur une subordination
inverse. Ainsi (16):

(16)   O-les-enfants   - - <u>qui</u>-∅-joue<u>ront</u>

comporte d'une part les mêmes marques syntaxiques d'effacement du pronom verbal et d'accord en nombre et personne que
le schème sujet, c'est-à-dire la même permanence sémique par
anaphorisation formelle (référence formelle du ∅-pronom et du
nombre-verbal au constituant complémentaire "les-enfants"),
mais comporte d'autre part une distribution inverse du blocage initial: blocage sur le conjonctif verbal <u>qui</u>, liberté de
l'initiale nominale (voir ci-dessous 3.2.). Ainsi, (17) ne
détruit en rien le schème relatif:

(17)   pour-les-enfants   - - qui-∅-joueront

Les rapports en (15) et (17) (ou (16)) sont caractérisés
par une accumulation de marques syntaxiques. Ce qui les
rapproche, c'est un même traitement formel de l'anaphore
(voir ci-dessous 3.2.). Ce qui les distingue, c'est un
traitement formel inverse de la dissymétrie des initiales: en
(15), le rapport se constitue par l'association réciproque de
l'invariabilité initiale du mot nominal et de la variabilité
initiale du mot verbal; en (17), cette dissymétrie est
inversée. Les indices de ce traitement différentiel sont
secondaires (ainsi en (15): impossibilité d'annuler l'<u>absence</u>
de préposition nominale; en (17): impossibilité d'effacer la
<u>présence</u> du <u>qu</u>-verbal). Ce qui compte, c'est la <u>réduction</u>
<u>lexicale</u> et, dans chaque cas, la complémentaire et réciproque
prévisibilité d'une <u>liberté lexicale initiale</u> dans l'autre
constituant syntaxique.

2.3. Ajoutons, pour mémoire, que "parce que-ils-joueront" n'est grammaticalement qu'un mot, car tout ce qui s'y trouve, étant indissociable et non-comptable, est partiel de mot, générativement moins que un, contribuant simultanément à la simplicité de l'unité minimale. A ce titre, il n'y a là ni syntaxe ni donc rapport sujet -- verbe, mais tout simple- ment: cohésion interne du mot, simultanéité formelle de partiels, que seule la projection morphologique de l'unité sur le lexique permet d'envisager sous l'angle taxinomique. Ainsi, on dira par exemple que plusieurs possibilités de choix constituent la variabilité interne de l'unité verbale (conjonctions, pronoms, nombre, genre, lexèmes) et que certains de ces choix se dénotent dans une marque phonologi- quement discontinue (par exemple la marque du nombre). Non seulement, "ils" n'est pas un sujet, mais un fragment de mot, mais le pluriel verbal n'est pas ici un cas de permanence sémique par réitération, mais le deuxième fragment phono- logique d'une seule et unique marque d'une seule et unique identité "pluriel", dont le premier fragment phonologique accompagne le pronom.

Enfin, il ne faut pas confondre rapport syntaxique et relation conceptuelle. S'il n'y a de sujet que syntaxique, il faut s'interdire l'abus de langage qui consiste à désigner du même terme de sujet la diversité des relations conceptuelles que le rhétoricien projette, contradictoirement, sur le monde à dire. Selon les circonstances, tant du contexte verbal que situationnel, le constituant sujet sera réaménagé en la désignation de celui qui fait l'action, de celui qui la subit, en bénéficie, la dirige, la détermine, en ce ou celui qui est le siège ou le lieu du procès ou de l'état, etc., etc. Et inversement, le sens, qui ainsi rhétoriquement se constitue, n'est pas un préalable sur lequel on pourrait s'appuyer pour définir la grammaticalité. Le sens ne préexiste pas au langage, au même titre que l'universel ne préexiste pas à la personne. L'un et l'autre sont les produits d'une même rationalité dialectique, mais réfractée sur deux plans distincts: l'universel ressortit à la médiation sociale, et résulte de la contestation politique des divergences ethniques, arbitrairement instituées; le sens

ressortit à la médiation langagière, et <u>résulte</u> de la contestation rhétorique-référentielle des découpages grammaticaux
implicites.

3. Il n'est pas inutile de rappeler que notre effort descriptif a pour objet l'élucidation de la grammaticalité
syntaxique qui in-forme les énoncés (1) à (10). Si d'emblée
nous leur avons opposé la grammaticalité (non encore éluci-
dée) d'un énoncé comme (12), c'est parce que nous voulions
faire apparaître que cela-même qui les rapprochait (une
relation rhétorique de synonymie) simultanément et nécessairement les séparait (une différence grammaticale syntaxique).
Il s'agit à présent de cerner cette différence, et, par la
même occasion, le formalisme incorporé constitutif de la
syntaxe du présentatif. Il nous apparaît néanmoins que nous y
parviendrons plus facilement en procédant par paliers, par
schèmes interposés. C'est pourquoi nous analyserons d'abord
la grammaticalité syntaxique d'un certain nombre d'énoncés
<u>matériellement</u> (quasi-)homophones du présentatif. Tout comme
la synonymie implique la différence structurale, de même
l'homophonie n'est que le télescopage phonologique, dans
certains cas, des marques <u>distinctes</u> de rapports syntaxiques
<u>différents</u>. De même, l'homophonie de "je suis" désigne,
davantage que la fortuite identité phonologique, l'essentielle <u>différence des marques sémiologiques</u>, dont la grammaticalité se mesure aux frontières négatives que définissent les
virtualités morphologiques des deux sèmes ainsi constitués:
la marque de l'un englobe des variabilités paradigmatiques
telles que "sommes", ét(ais), ser(ai)", celle de l'autre les
refuse, mais admet par contre "suiv-".

3.1. <u>Rapport syntaxique A:</u> schème récursif 2 et schème 1
(Nom -- que-Verbe)

	I	II	III
(18)	C'est	la preuve	que Dieu existe
(19)	C'est	l'éternel problème	qu'il manque de patience
(20)	C'est	l'argument	que l'ordre public doit primer
(21)	C'est	l'idée	que rien ne se perd

Dans ces exemples, II et III sont d'abord intégrés en un schème de subordination à l'aide de la marque du conjonctif "que": le mot nominal conserve toute sa liberté, le mot verbal est bloqué sur le préfixe "que", tout en conservant la totalité des autres libertés lexicales. Ainsi, le schème se conserve à travers toutes les variations paradigmatiques du nom et du verbe, à l'exception du seul conjonctif verbal:

(22) ... pour la preuve - - qu'ils existaient

Par ailleurs, étant un schème de subordination, c'est-à-dire à traitement dissymétrique des initiales, le syntagme II - - III peut à son tour, et dans son ensemble, accéder au rang de constituant complémentaire intégré dans un deuxième schème, par articulation récursive. C'est ainsi que se constitue un deuxième schème de subordination, dont les constituants sont d'une part "C'est (I)" et, d'autre part, le mot des mots du premier schème II - - III. Les marques formelles en sont:

1) blocage sur le cas direct nominal (∅-la-preuve (II)), c'est-à-dire l'initiale libre subordonnante du premier schème se transforme en initiale bloquée subordonnée;

2) effacement, par factorisation, du deuxième pronom verbal (Ce l'est ⟶ Ce-∅-est (I)).

Ce qu'il faut retenir de cette analyse, c'est d'une part que le préfixe verbal "que" est un pur conjonctif, sans fonction anaphorique, et qu'il se limite à un rôle de complémentarisation dissymétrique d'un verbe par rapport à un nom, sans contribution syntaxique par rapport au deuxième schème. D'autre part, si l'on éprouve les limites des possibilités d'articulation récursive sur II - - III, on voit qu'il n'y a ni blocage sur le démonstratif ce dans le mot verbal être, ni même blocage sur le mot verbal être. Ainsi, dans les exemples suivants, qui jouent sur ces libertés lexicales, les rapports syntaxiques I - - II - - III (premier cas) et II - - III (deuxième cas) sont parfaitement conservés:

(23) Elle est == la preuve - - que Dieu existe [3]

(24) Ce fait == Ø-est-Ø == la preuve - - que Dieu existe

(25) Je me souviens == de la preuve - - que Dieu existe

(26) Cet argument == ébranle == la preuve - - que Dieu
                                                         existe

(27) J'aime == l'idée - - que rien ne se perd

La seule chose qui nous importe ici, c'est la démonstration de la variabilité lexicale de l'unité I (c'est Ø), c'est-à-dire de sa non-participation au schème II - - III (et même, pour ce, au schème récursif I = = II - - III). Signalons dès à présent que cette analyse trouve une confirmation intéressante dans l'analyse du statut formel du démonstratif ce. N'étant investi d'aucune fonction syntaxique anaphorique, le pronom ce ne signifie que ce qu'il signifie taxinomiquement, c'est-à-dire un certain degré de précision (par opposition à il, on, etc.) sans doute, mais aussi l'indifférenciation lexématique (le pro-nom grammatical est nom à lexème effacé). Ainsi, ne dénommant rien, et par ailleurs choisi librement, hors syntaxe, sans rôle anaphorique formel, il impose au rhétoricien un travail déictique de positivisation du vide sémique qu'il instaure. Dans chacun des exemples (18) à (21), ayant de la suite dans les idées et capable de cohérence sémantique, le rhétoricien cherchera à combler ce vide par la coréférence ou la déixis. Par contraste - et nous y reviendrons - il en va tout autrement du "c'est" dans le schème présentatif. Comparons au passage:

(28) Son propos, c'est l'idée que rien ne se perd (rapport A)

(29) Son propos, c'est à toi qu'il l'adresse (schème présentatif)

_____

(3) Nous représentons la "profondeur" syntaxique des articulations par subordination récursive en doublant (voire triplant) le tiret qui symbolise la complémentarité syntaxique. Ainsi, en (23), un premier schème intègre en constituants complémentaires les deux mots "O-la-preuve" et "que-Dieu-existe" (--); et un deuxième schème complémentarise ce premier schème et le mot "Ø-elle-est" (==).

(30) C'est l'idée que rien ne se perd que j'aime (schème
1 intégré dans le schème présentatif)

En (28), il y a coréférence _sémantique_ entre _ce_ (libre)
et "_son propos_", juxtaposé. Par contre, le démonstratif de
l'énoncé (29) n'est plus libre (il est marque syntaxique), il
impose au contraire une fermeture formelle sur son propre
schème et échappe par là à toute coréférence extérieure.
C'est pourquoi le rhétoricien cherchera à instaurer un lien
coréférentiel entre "_son propos_" et "_le_". En (30), nous avons
- malgré les apparences - le "_c'est_" présentatif. L'énoncé
suivant serait rhétoriquement , mais non grammaticalement,
bizarre, par défaut d'indices coréférentiels:

(31) * Son propos, c'est l'idée que tout se perd que
j'aime

La bizarrerie disparaît dès que l'énoncé fournit des
indices de cohérence, par exemple:

(32) _Moi_, c'est l'idée que rien ne se perd que _j_'aime
(33) _Son propos_, c'est sur l'idée que rien ne se perd
qu'il _l_'a centré

3.2. Rapport B: schème récursif 2 articulé sur schème 3 (nom - - qu-verbe) ("relative")

	I	II	III
(34)	C'est	la preuve	que je cherchais
(35)	C'est	une idée	qui me plaît
(36)	C'est	l'argument	dont il se sert toujours
(37)	C'est	la maison (,)	qu'il a construite
(38)	C'est	la dame	qui t'a écrit
(39)	C'est	le garçon	à qui je l'ai dit
(40)	Cette phrase est	l'argument	qui me manque
(41)	Elle est	la femme	dont je rêve
(42)	Je te fournis	la preuve	que tu cherches

3.2.1. Certains de ces énoncés sont ambigus. Encore faut-il s'entendre sur le terme. En principe, il n'y a d'ambiguïté, de polyvalence sémantique, que de grammaire: la signification, étant pure forme, est impropre et sémantiquement indifférente. La phase contradictoire rhétorique, en comblant ce vide structural, cherche précisément à en nier l'ambiguïté, à contester l'in-différence sémantique de la signification en la réaménageant en différence sémantique conceptualisée.

Ainsi, il ne peut y avoir d'ambiguïté sémantique rhétorique, il ne peut y avoir simultanéité conceptuelle de sens différents. A moins que l'on ne veuille désigner par là le caractère inéluctablement provisoire et hypothétique de toute conceptualisation, qui, étant fondée sur un implicite formel (du signifiable), n'arrive jamais à combler l'abîme qui la sépare du percept. Mais, en ce cas, ce n'est pas du concept qu'on parle, mais précisément de sa profondeur grammaticale signifiable. De même, l'indécision sémantique, c'est-à-dire la possibilité de lire, dans une même matérialité verbale, deux ou plusieurs interprétations sémantiques alternatives, renvoie, en fin de compte, à la même ambiguïté structurale.

C'est la négativité formelle de la signification qui fonde la polysémie et qui explique qu'on puisse acheter (ou boire, ou enterrer, pourquoi pas ?) une bière-boisson tout autant qu'une bière-cercueil, et c'est le critère référentiel qui fonde l'exclusion de l'une ou de l'autre, selon la situation à dire. Négativité formelle est égal à in-différence et polyvalence conceptuelles. Mais négativité formelle signifie aussi in-différence à toute positivité formalisante de frontières. Ainsi, si les faces du signe structural se justifient mutuellement, les frontières sémiologiques par des marques signifiantes, et les frontières phonologiques par des fonctions signifiées, il n'en reste pas moins que par exemple marque et phonologie ne se confondent pas, que l'absence de phonologie peut être marque sémiologique (absence significative, par exemple le zéro phonologique marque du singulier), qu'une même marque peut être hétéro-phonologique (allomorphie, par exemple mang-_ez_ = dit-_es_) et une même phonologie accueillir des marques différentes (homophonie, par exemple le zéro phonologique est marque de singulier, de masculin, de non-diminutif, d'effacement syntaxique, etc.). Mais l'homophonie (identité phonologique pour une diversité sémiologique) n'entraîne jamais une identité de marques: celles-ci sont en effet définies par la négativité de leurs frontières. Ainsi la marque du singulier est constituée par zéro ≠ /s/ (vert/ verts), celle du masculin par zéro ≠ /ə/ (vert/verte) ...

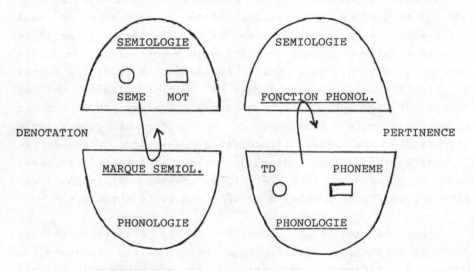

LA JUSTIFICATION MUTUELLE DES FACES

Signalons enfin que la non-confusion entre marque sémiologique et phonologie a un fondement clinique. En effet, dans l'aphasie phonologique, le malade, étant incapable de phonologie, tend à y substituer ce dont sa maîtrise sémiologique le rend capable, c'est-à-dire la marque: il tend à n'entendre que ce qu'il comprend. Et l'aphasique sémiologique est condamné à une logique inverse: n'ayant pas la sémiologie, il se met à combler la béance de ce manque par la substantialisation du critère phonologique de fonction. Il ne différencie sémiologiquement que la seule fonction phonologique: il ne "comprend" que ce qu'il entend (voir A. Duval, 1985).

3.2.2. Ainsi l'énoncé (34) est doublement ambigu par homophonie syntaxique: il peut s'agir du rapport A (synonyme: "ça prouve que je cherchais"), du rapport B (synonyme: "la preuve cherchée par moi, la voilà") ou du présentatif (synonyme: "ce que je cherchais, c'est la preuve"). Les énoncés (35) et (38) sont homophones des rapports B et présentatif, l'énoncé (42) des rapports A et B. Les autres énoncés ne peuvent contenir que le rapport B.

Ces différences indiquent et confirment le caractère formel et exclusivement négatif des marques structurales. La double homophonie de (34) est une illusion d'optique, qui nous fait prendre pour marque syntaxique ce qui n'en est que la "matérialité" phonologique. Ainsi, la différence entre les rapports A et B s'éprouve par les latitudes lexicales qu'ils autorisent ou n'autorisent pas. Le rapport A permet par exemple:

(43) La preuve que je le cherchais
(44) La preuve que je cherchais la solution

Mais ce même rapport ne permet pas:

(45) *La preuve qui nous manque
(46) *La preuve dont il a parlé

A l'inverse, le rapport B autorise les variations que le rapport A rejette, et n'autorise pas celles que le rapport A admet:

(47) la preuve qui me manque
(48) la preuve dont j'ai parlé
(49) *la preuve que je le cherchais
(50) *la preuve que je cherchais la solution

Ce schème 3 (c'est-à-dire le rapport II - - III au sein du rapport B) partage avec le schème 1 plusieurs mécanismes de marquage: même complémentarisation subordonnante d'un mot nominal à initiale libre et d'un mot verbal à initiale bloquée; mêmes possibilités d'intégration du schème, par articulation récursive sur un schème 2 (non-participation de l'unité I (c'est) au schème 3), par exemple

    (51) Cet objet (c') est == la preuve - - qui nous manque

    (52) Il nous apporte == la preuve - - que nous cherchions

Mais il y a des différences importantes: d'une part, le schème 3 se fonde sur un degré supplémentaire ou supérieur de marquage, l'anaphorisation formelle. D'autre part, l'initiale de son constituant verbal a une double complexité que le que du schème 1 n'a pas: elle participe en effet du processus d'anaphorisation, tout en conservant une variabilité flexionnelle limitée (que/qui).

L'anaphore formelle est une contrainte de relation abstraite par référence interne d'un constituant à l'autre. Ainsi, le que/qui relatif impose au verbe, outre ce blocage initial, plusieurs évidements conjurés par la référence formelle au mot nominal antécédent. D'abord, le verbe perd l'une de ses variabilités pronominales (factorisation): effacement du premier pronom après qui, effacement du deuxième pronom après que (ce qui explique l'impossibilité de (49)) (4). Ensuite, le jonctif relatif instaure un évidement du contexte verbal: qui impose au verbe une impossibilité d'intégration syntaxique verbe - - sujet, que une impossibilité de complémentation verbe - - objet. Ainsi, les énoncés suivants anéantissent le schème relatif (tout comme (50)) (5):

---

(4) Nous simplifions quelque peu. En effet, il faudrait en outre prendre en compte divers mécanismes simultanés, par exemple: rapport du jonctif relatif avec le pronom interrogatif; statut génératif de qui, quoi et que; maintien de la différenciation prépositionnelle (à qui, sur qui, ...); limitation de que au statut de fragment verbal (* à que, * sur que, ...); analyse de dont (= de qui/de quoi), etc.

(58) * ... la preuve qui _elle_ nous manquait

(59) * ... la preuve qui _cette donnée_ nous manquait

(60) * ... la preuve que nous _la_ cherchions

(61) * ... la preuve que nous cherchions _cette donnée_

Ce qui compte ici, c'est l'existence d'un évidement contextuel, quel qu'il soit et où qu'il soit. Ainsi, l'annulation de la complémentation objectale peut être renvoyée sur
un second verbe, intégré par rapport au premier:

(62) ... la preuve == qu'il prétend - - Ø avoir trouvée - - _Ø_

De même, l'annulation de la complémentation "génitive"
porte non sur le verbe, mais sur la "génitivisation" de son
complément nominal (sujet ou objet), voire du complément
nominal d'un second verbe (voir déjà note 4):

(63) ... la maison == dont tu vois - - le toit - - Ø

(64) ... la maison == dont tu as prétendu == que tu
     voyais - - le toit - - Ø

---

(5) Ici aussi, il faudrait éprouver plus avant les contraintes contextuelles relativement à la variabilité prépositionnelle du relatif. Ainsi, les contraintes sont différentes selon que _dont_ comble, par rapport au verbe, un
évidement contextuel direct (par exemple "se souvenir ==
de-N") ou indirect, instauré par exemple par articulation
récursive du verbe sur un syntagme "génitif" Nom == de -
Nom (par exemple "voir == le toit == de-N"): dans le
premier cas, il y a effacement du pronom (je m'en souviens) et impossibilité de complémentation par _de_; dans
le deuxième cas, il y a _obligation_ de complémentation
subjectale ou objectale, et impossibilité de complémenter
ce sujet ou objet par un "génitif":

(53) la maison = dont-je-me-souviens

(54) * la maison = dont je m'_en_ souviens/..dont je me
     souviens - - d'_elle_

(55) la maison = dont le toit est rouge/.. dont tu vois
     le toit

(56) * la maison dont le toit _il_ est rouge/.. dont tu _le_
     vois le toit

(57) * la maison dont le toit de la maison est rouge/...
     dont tu vois le toit de la maison

Par ailleurs, ces blocages des possibilités complétives du verbe (ou d'une unité qui lui est syntaxiquement subordonnée) ne concernent pas la matérialité phonologique des marques, mais exclusivement certaines virtualités d'intégration syntaxique, qu'il s'agisse de schèmes entiers ou seulement de certains choix lexicaux dans ces schèmes. Ainsi:

(65) ... les amis == <u>avec qui</u> j'en ai discuté - - <u>avec</u> enthousiasme (*<u>avec eux</u>/*<u>avec des amis</u>)

Et ce qui fonde l'anaphorisation relative, ce n'est pas l'évidement verbal et/ou contextuel en soi, mais ce vide en tant que créant les conditions permettant d'instaurer une relation de référence <u>formelle</u> à l'autre constituant, nominal et antécédent. Le relatif n'impose ces réductions lexicales et/ou contextuelles au niveau du verbe que pour pouvoir en conjurer le vide par la plénitude lexicale du nom antécédent. Si le verbe perd certaines virtualités, c'est que le nom les factorise. Ainsi, le schème se referme sur lui-même.

Il reste une troisième marque d'évidement anaphorique: l'accord en nombre et en personne après <u>qui</u>, et en nombre et genre du participe passé après <u>qui</u> et <u>que</u>:

(66) les preuves qui nous manque<u>nt</u>/les preuves qui nous <u>sont</u> parvenu<u>es</u>

(67) les preuves qu'il a trouv<u>ées</u>/les preuves qu'il m'a promis-<u>e</u>-<u>s</u>

(68) vous qui av<u>ez</u> peur

Comme nous l'indiquions déjà, la contrainte d'accord, annulant toute signification de nombre, de personne et/ou de genre, ne signifie plus que le vide de l'identification sur deux unités, et rend par là le verbe ainsi évidé nécessairement relatif au constituant nominal antérieur.

Ainsi, et en résumé, le pronom relatif est un amalgame de conjonctif subordonnant et de pro-nom anaphorique. Mais sa marque formelle n'est pas tant dans la matérialité

phonologique des que, qui et dont, que dans les frontières
négatives qu'il instaure: blocage de l'initiale verbale et
évidements fondateurs de relation formelle anaphorique. La
même grammaticalité syntaxique pourrait se construire tout
aussi bien sur du zéro phonologique, pourvu que se conservent
les mêmes frontières négatives: "∅-les-enfants - - jou-ent"
n'y serait pas "les-enfants - - ∅-jou-ent", car le premier
serait une variante de "parce que les enfants jouent" (le
préfixe verbal est libre, le ∅-nominal est contraint), le
deuxième, par contre, une variante de "pour les enfants
jouent" (le ∅-verbal est contraint, le préfixe nominal est
libre).

C'est là, à quelques nuances (importantes) près, la
situation en breton (voir Urien, 1982).

Cet exercice (dangereux) de grammaticalité comparée
montre que les deux langues instaurent, pour différencier les
deux rapports sujet - - verbe et relative, en-deçà des différences (secondaires) de matérialisation phonologique des
marques (homophoniques en breton), la même inversion du
paramètre de la dissymétrie des initiales au sein d'un même
schème de relation anaphorique: dans les deux langues, l'un
et l'autre rapport se fondent sur une même anaphorisation
formelle (accord nomino-verbal par évidement); dans les deux
langues, c'est le fonctionnement dissymétrique des initiales
qui définit leur différence. Il y a, au sein d'un même schème
de relation, alternance de deux cas, définis par le statut
dissymétrique subordonnant/subordonné des constituants (voir
Urien, 1982). Remarquons aussi que dans les deux langues il y
a possibilité d'articuler récursivement l'un des rapports sur
l'autre, par inversion du seul subordonnant en subordonné.
Ainsi, je puis intégrer le schème relatif (66) dans le schème
sujet - - verbe (67), ce qui donne (68) [6]:

(66) O^1 le chien - - $∅^1$ qui aboie

(67) $∅^2$ le chien = = O^2 ne mord pas

---

[6] O = initiale libre, ∅ = initiale bloquée; 1 = 1er schème;
2 = 2ème schème, articulé récursivement sur le premier;
∅ ⟵ O = inversion de subordonnant en subordonné.

(68) $\emptyset^2 \longleftarrow$ O^1 le chien = - - $\emptyset^1$ qui aboie = O^2 ne mord pas

Et, inversement, le même schème sujet - - verbe (67) peut être intégré par articulation récursive dans le schème relatif (69), ce qui donne (70):

(67) $\emptyset^1$ le chien - - O^1 ne mord pas

(69) O^2 l'enfant = = que $\emptyset^2$ il ne mord pas

(70) O^2 l'enfant = $\emptyset^1$ le chien - = que $\emptyset^2$ --- - O^1 ne mord pas

(O^2 l'enfant = que $\emptyset^2$ $\longleftarrow$ $\emptyset^1$ le chien - = $\longleftarrow$ - O^1 ne mord pas)

Ce qui, dans notre langue fictive, donnerait:

(68) = (71) $\emptyset^2$ $\longleftarrow$ O^1 le chien $\emptyset^1$ aboie O^2 ne mord pas

(70) = (71) O^2 l'enfant O^1 le chien - $\emptyset^2$ $\longleftarrow$ O^1 ne mord pas.

3.2.3. Les énoncés (40) à (42) montrent que l'unité "c'est" ne participe en rien du schème relatif (schème 3): il y a simplement articulation récursive du schème 2 sur le schème 3. Le démonstratif et la copule sont dès lors parfaitement libres par rapport au schème relatif. Grammaticalement, ce est pro-nom, sans incidence syntaxique, sans rôle anaphorique formel. Il appelle nécessairement une opération rhétorique déictique ou coréférentielle, capable de conjurer le vide de l'effacement lexématique qu'il signifie. Le contexte verbal peut contenir la désignation du co-référent, par exemple

(73) Ce papier, c'est la preuve que nous cherchions

Comme dans les exemples (28) à (33), cette différence de statut grammatical du pronom, libre ici, syntaxiquement contraint dans le cas du présentatif, détermine des diffé-rences dans les virtualités rhétoriques de traitement coré-férentiel. Ainsi, l'homophonie des énoncés:

(74) Dieu, c'est le monde qu'il a créé

(75) Ce portrait, c'est l'artiste qui l'a fait lui-même

ne doit pas nous abuser sur la radicalité des différences grammaticales, dont le statut libre/contraint du démonstratif. Si l'énoncé est informé par le rapport B (articulation récursive sur un schème relatif), le pronom démonstratif est libre et <u>peut être coréféré sur la désignation antérieure</u>: "cela, c'est-à-dire Dieu, est le monde, qu'il a lui-même créé"; "cela, c'est-à-dire ce portrait, représente l'artiste et celui-ci l'a fait (autoportrait !)". Si par contre nous y entendons le schème présentatif, le pronom, étant contraint, impose une <u>référence formelle intérieure au schème</u> et refuse par là toute possibilité de reprise coréférentielle d'une désignation antérieure: "ce qu'<u>il</u> a créé, <u>Dieu</u>, c'est le monde"; "<u>ce portrait</u>, celui qui <u>l</u>'a fait lui-même, c'est l'artiste".

Corollairement, entendre dans "<u>Cela</u>, <u>c</u>'est..." un lien conceptuel de coréférence, c'est ipso facto exclure une interprétation qui soit informée par le schème présentatif, par exemple

(76) <u>Cela</u>, <u>c</u>'est la preuve que nous cherchions (schème A ou B)

(77) <u>Cela</u>, <u>c</u>'est Paul que tu as rencontré hier (schème B: "cela, c'est-à-dire cette photo, c'est Paul, que tu as rencontré hier")

Le schème présentatif impose une frontière négative aux virtualités coréférentielles de <u>ce</u>, qui ne peut, étant formellement rapporté à la clôture du schème, reprendre <u>cela</u>. Ce dernier doit dès lors être repris par un autre pronom, libre celui-là:

(78) <u>Cela</u>, c'est Paul qui <u>l</u>'a dit

(79) <u>Celle-là</u>, c'est Paul qu'<u>elle</u> aime

(80) <u>Cela</u>, c'est un échec que <u>ça</u> signifie

(81) <u>La pomme</u>, c'est un fruit qu'<u>elle</u> est

Et à supposer qu'il faille faire sens, hors contexte, avec ce qui se dit dans l'énoncé suivant:

(82) La maison, c'est le toit que tu vois,

seule l'exploitation du rapport relatif B y réussit, au prix par ailleurs d'une expansion sémantique métonymique consistant à identifier conceptuellement la pluralité d'un tout (la maison) et de l'une de ses parties (son toit). A l'opposé, l'énoncé (83),

(83) De la maison, c'est le toit que tu vois

autorise l'interprétation présentative, car "de la maison" peut être "génitif" syntaxique subordonné à "le toit" et échappe ainsi à la coréférence que le démonstratif, prisonnier du schème présentatif, ne peut lui donner.

3.3. Rapport C: Schème 2 et désignation autonyme parataxique

I	II	III
(84) C'est	une honte,	qu'il n'ait rien dit
(85) C'est	une erreur,	qu'il l'ait dit
(86) C'est	un vrai problème,	qu'il oublie toujours tout
(87) C'est	de l'inconscience,	qu'il conduise ainsi

3.3.1. Le rapport syntaxique qui informe ces énoncés n'est pas, pour des raisons évidentes, le rapport B (qui aurait exigé par exemple un évidement, lexical et/ou contextuel, de l'unité verbale III, en plus du blocage sur que (7)). Il est distinct aussi du rapport A, pour des raisons moins évidentes, mais tout aussi décisives. Comparons (88) et (89):

(88) Cette lettre, c'est la preuve qu'il l'a écrite

---

(7) D'autre part, le rapport C autorise en III un blocage, au moins partiellement idiomatisé (langue "standard"), sur le mode subjonctif, mais dont nous ne traiterons pas.

(89) <u>Cette lettre</u>, c'est une honte, qu'il <u>l</u>'ait écrite

En (88) nous avons le rapport A: le démonstratif, étant libre, peut accueillir une coréférence avec <u>cette lettre</u>, ce qui oblige à rapporter le pronom <u>l</u>' du mot verbal III à autre chose (par exemple "la pièce de théâtre dont nous venons de parler") (comparer (28)). En (89) par contre, le démonstratif ne peut être rapporté à ce qui précède, c'est pourquoi nous instaurons un lien coréférentiel entre <u>cette lettre</u> et le pronom <u>l</u>' du mot verbal III. Cela semble rapprocher ce rapport C du schème présentatif (voir l'énoncé (29)). Toute la question est dès lors de "déceler" ce qui détermine ici la non-liberté du démonstratif.

A notre avis, les énoncés (84) à (87) et (89) sont informés par la même syntaxe que celle qui sous-tend les énoncés suivants:

(90) C'est un roman, ce livre
(91) C'est une poire, ce fruit
(92) Il est boulanger, Jean
(93) C'est une erreur que tu fasses cela/... (que) de croire cela/... que cela

Sans doute y reconnaissons-nous le schème 2 du rapport A (<u>C'est</u> -- <u>nom attribut</u>), mais l'élément III (indifféremment unité minimale ou syntagme) n'y est pas complémentarisé par rapport à II. Il y a en III réduction lexicale du fragment initial (blocage sur <u>que-verbe</u>, sur <u>(que) de-infinitif</u>, sur <u>∅-nom</u>), mais y a-t-il pour autant identification d'une pluralité et permanence sémique ? Si oui, avec quelle autre unité ? Nous pouvons simplifier le problème en en simplifiant les données: effaçons l'unité II (grammaticalement indifférente à III) et interrogeons la séquence I -- III:

	I	III
(94)	un roman, <u>ce-l'-est</u>,	<u>ce livre</u>
(95)	une erreur, <u>ce-l'-est</u>,	<u>que tu fasses cela</u>
(96)	boulanger, <u>il-l'-est</u>,	Jean

Ce même rapport I - - III, nous le trouvons dans des séquences comportant d'autres verbes en I:

(97) Il dort, ton frère
(98) J'en reviens, de la ville
(99) Je le connais, cet homme
(100) Je lui en veux, à ton frère
(101) Je le sais, qu'il est parti
(102) J'y compte bien, que tu nous aides
(103) Il en est tombé, du toit
(104) Il nous l'a dit, à nous

Et, cumulativement, dans par exemple:
(105) Il me l'a dit, Jean, à moi, qu'il ne viendrait pas
(106) Il s'y trouve, ton livre, sur la table
(107) Ce l'est, une erreur, qu'il se soit tu

Dans tous ces énoncés, l'élément III adopte le cas initial sur lequel cet élément serait bloqué si la marque de son intégration syntaxique avec le mot verbal I était maximale, jouant sur deux paramètres simultanés: dissymétrie des initiales et anaphorisation factorisante par effacement d'un des fragments verbaux. Ici, seul le premier de ces paramètres (blocage sur un cas initial) est retenu, ce qui détermine une syntaxe hybride: mi-syntagme, mi-paratagme. Faut-il dire que la grammaire fournit non seulement la possibilité d'intégrer de la pluralité textuelle en complémentarité syntaxique, mais également la possibilité de signifier simultanément _et_ pluralité textuelle _et_ complémentarité syntaxique, en jouant sur la multiplicité des paramètres de la marque ? De même, et parallèlement, peut-on signifier simultanément _et_ de la différence taxinomique par différenciation oppositive _et_ de la similarité paradigmatique par projection de l'unité sur la diversité: si _je mange_ et _tu mangeais_ sont dans des rapports catégoriels de morphématisation en vertu d'un principe de reclassement, par l'unité, des différences en variantes (paradigmatisation), _je mange_ et _tu courais_ le sont tout autant, par le truchement d'un même _type_ (le verbe), mais conservent en même temps leur pleine valeur oppositive...

3.3.2. Dans les énoncés (84) à (87), le blocage initial des séquences verbales III est un partiel de marque syntaxique par rapport à l'unité verbale I. Mais, dans le rapport ainsi constitué, l'un des constituants complémentaires conserve un indice de non-complémentation, la présence d'un partiel pronom (c'est).

En d'autres mots: au lieu d'avoir une double complémentation emboîtée sur la copule (voir ci-dessous schéma 1), on a 1) une complémentation de la copule (I - - II) et 2) une complémentation sur l'une de ses variantes virtuelles, celle qu'instaurerait l'effacement du pronom (schéma 2:

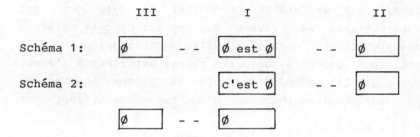

Exemple du schéma 1:

    (108) Qu'il n'ait rien dit   ∅ est ∅   une honte
    (109)   Ce livre   ∅ est ∅   un roman

D'autre part, cette syntaxe hybride ou virtuelle peut être instaurée aussi bien pour le rapport I - - III du schéma 1 que pour le rapport I - - II, que pour les deux à la fois (voir déjà les énoncés (94) à (96) et (105) à (107)):

    (110) Qu'il n'ait rien dit, une honte, ce l'est
    (111) Un roman, ce livre l'est (= - - en est un)

Ajoutons que cette analyse détermine le statut du pronom non-effacé. Prenons un énoncé homophone du rapport A et du rapport C:

    (112) Cela, c'est le problème que nous manquons d'argent

Si c'est le rapport A qui informe (112) ("nous retrouvons là le problème qui consiste en ceci que nous manquons d'argent"), le démonstratif c', étant grammaticalement libre, peut être coréféré à cela (voir déjà (28)). Si l'énoncé est informé par le rapport C [8] ("cela, que nous manquions d'argent, cela est le problème"), le pronom c' est à la fois contraint et libre: contraint par le rapport I - - III, en vertu duquel il détermine un rapport cataphorique avec la totalité séquentielle III; libre, parce que échappant au rapport I - - III (par son non-effacement), il reste rhétoriquement disponible pour une coréférence extérieure (c' = cela).

Au fond, c'est le statut pronominal de cela qui rend (112) interprétable au travers du rapport C: cela autorise une interprétation coréférentielle cataphorique, qui trouverait, par priorité, un autre terme, extérieur à l'énoncé, pour peu que III lui-même fournît un pronom anaphorique de cela, lui-même anaphorique d'un terme antérieur, par exemple

(113) Cela, c'est le problème, que nous l'ayons oublié

Y entendre l'implicite du rapport C oblige à voir en III un sujet grammatical, anaphorisé par c', et autorise à coréférer l' et cela, qui lui-même renvoie à un concept antérieur: "que cela, nous l'ayons oublié est le problème". Si nous substituons au pro-nom cela un lexème nominal, l'énoncé fera sens si III contient un pronom susceptible de "reprendre" ce lexème (voir (89)), sinon l'énoncé reste sens béant:

(114) * Cette situation, c'est le problème, que nous manquions d'argent

---

(8) Dans ce cas, le verbe-III posséderait facilement l'indice supplémentaire du mode subjonctif: "... que nous manquions d'argent".

(115) * Cette lettre, c'est une honte, qu'il soit venu

Remarquons enfin que l'élément III est dispositionnelle-
ment libre:

(116) C'est un roman, ce livre = Ce livre, c'est un roman
            = C'est, ce livre, un roman
(117) Cette lettre, qu'il l'ait écrite, c'est une honte
        = qu'il l'ait écrite, cette lettre, c'est une honte
        = Cette lettre, c'est, qu'il l'ait écrite, une
        honte (voir (89))

et que, postposé, il admet, dans certains cas, l'usage d'un
cas direct nominal renforcé par que, par exemple

(118) C'est un mensonge que cela
(119) C'était sa vie que ces orages (Musset)
(120) C'est un serpent doré qu'un anneau conjugal (Musset)

3.4. Rapport D: schème 4 (Verbe - - que verbe)

I	II
(121) C'est	que cette idée me plaît
(122) C'est	qu'il nous faut une preuve
(123) C'est	qu'il dort
(124) Est-ce	qu'il dort ?
(125) Ce n'est pas	que ce soit difficile
(126) Est-ce	que c'est lui ?
(127) Serait-ce	qu'il l'a oublié ?
(128) C'est	que nous manquons d'argent
(129) C'est	que lui, il dort
(130) C'était	que nous manquions d'argent
(131) C'est	que cette lettre, c'est une honte qu'il l'ait écrite

3.4.1. Seul le rapport I - - II nous intéresse ici: c'est ∅
- - que-Verbe. Le démonstratif est suppressible, donc libre
de toute signification syntaxique et susceptible de coréférence anaphorique, par exemple

(132) le problème ∅ est ∅ qu'il dort

(133) l'explication (, c') est - - que lui, il dort

(134) Ce qu'il demande, c'est - - que nous nous taisions

Dans l'exemple (132), on a une articulation de deux schèmes par emboîtement sur un constituant commun: ∅ Sujet - -
Copule et Copule - - que-Verbe (attribut). Dans les exemples (121) à (131), seul le deuxième schème apparaît (schème
4): l'absence du sujet explique le non-effacement du partiel
ce dans le mot-copule.

Insistons par ailleurs sur le fait que le constituant II
peut être aussi l'un quelconque des rapports A, B, C, et
présentatif, par exemple

(135) C'est que c'est la preuve que Dieu existe (D - - A)

(136) C'est que c'est un livre qui ne se lit pas facilement (D - - B)

(137) C'est que c'est une erreur qu'il se soit tu (D -
-C) (voir aussi (131))

(138) C'est que c'est là qu'il habite (D - - présentatif)

D'autre part, seul I peut présenter, par rapport à la
copule, un rapport syntaxique hybride (mot-sujet, mi-syntaxique mi-parataxique, par exemple (133) et (134)). A l'opposé
des rapports A, B et C, qui admettent un attribut mi-parataxique (voir (139) à (141)), le rapport D ne l'autorise pas
(voir (142) et (143)):

(139) Ce l'est, la preuve qu'il l'a fait

(140) Ce l'est, un livre qui se lit facilement

(141) Ce l'est, une erreur, qu'il se soit tu

(142) * Ce l'est qu'il dort

(143) * Le problème l'est qu'il dort

Il partage ce trait avec le rapport présentatif (voir
(144)), et se distingue par là d'autres complémentations
attributives (voir (145) et (146)) et d'autres complémentations verbales à initiale que (voir (147) et (148)):

(144) * Ce l'est ici que j'habite

(145) Un roman, ce livre l'est (= - - en est un)

(146) Facile, ce ne l'est pas

(147) Je te le dis, que tu as tort

(148) Qu'il parte, il le faut

Par contre, à l'intérieur du complément II, toutes les modalités parataxiques sont possibles (voir (129), (131), (133)), par exemple:

(149) C'est que cette lettre, ce l'est, la preuve qu'il l'a fait (D - - A)

(150) C'est que cette lettre, ce l'est, une honte, qu'il l'ait écrite (D - - C)

3.4.2. Quant à imputer au rapport D une quelconque fonction explicative [9] ou d'expression de rapport logique [10], c'est là une remarque descriptive pertinente, certes, mais dont il faut situer et apprécier la valeur glossologique et sociolinguistique. D'abord, elle ne concerne en rien la syntaxe qui, étant grammaticale, se contente de signifier, dans l'in-différence sémantique, la complémentarité des mots verbaux concernés. Il faut dès lors résister à la tentation d'expliquer la syntaxe par l'usage conceptuel que nous en faisons: celui-ci n'est jamais que la retombée, positivante et provisoire, de celle-là. On ne peut projeter des catégories conceptuelles sur l'implicite formel, car le découpage sémantique, loin de le révéler, au contraire voile le découpage sémiologique.

Ensuite, elle désigne un processus rhétorique particulier, qui est l'exact inverse de la syntaxe, qu'elle conteste et qui pourtant la fonde: l'expansion sémantique, c'est-à-dire la projection de l'identité conceptuelle sur la plura-

---

(9) Ainsi G. Le Bidois - R. Le Bidois (1968) parlent d'un "gallicisme qui sert à introduire une explication, une cause, une raison" (p. 121).
(10) Notamment dans "le langage populaire, ou même simplement familier" (G. Le Bidois - R. Le Bidois, 1968, p. 122).

lité des unités autonymes. Ainsi, "voir" le lien métonymique
qui "unit", dans l'identité du même scénario, la cause et son
effet, la partie et le tout, etc., c'est re-faire, sur base
d'une analyse implicite grammaticale syntaxique, une analyse
explicite conceptuelle expansionnelle. Le marteau et le clou,
la maison et le toit, le feu et la fumée... sont à chaque
fois des autonymes distincts (unités conceptuelles distinctes), mais, envisagées dans leur isotopie (appartenance à
l'identité conceptuelle de leurs univers respectifs: menui-
serie, construction, combustion...), ces unités, complémen-
tarisées, entrent dans un rapport métonymique, par intégration conceptuelle. Le métonyme (= le rapport métonymique) est
le syntagme conceptuel.

Ainsi, déceler dans le gallicisme "c'est que-Verbe" une
fonction explicative, c'est constater que ce schème informe
une opération d'intégration conceptuelle consistant à
interpréter le désigné de la séquence que-Verbe comme la
cause de l'effet désigné par le coréférent du démonstratif
c', par exemple

(151) S'il nie encore, c'est qu'il est innocent
(152) Non, assez pour ce soir. C'est qu'il est tard

Mais que vaut cette constatation ? Ce que vaut - dirions-
nous - le pouvoir d'imagination de son auteur: à quelles
situations référentielles pense-t-il ? Sans doute à celles
que les contraintes d'usage social lui imposent comme accep-
tables et seules plausibles ! Mais, d'une part, la rhétorique, comme processus glossologique, est in-différente à la
langue, échappant à l'universalisme sociologique que la phase
conventionnelle de celle-ci tend à lui imposer. D'autre part,
comme pôle inductif de la dialectique langagière, elle est
conceptualisation structurante par négation d'une négativité
structurale, où rien de sémantique ne subsiste.

L'interprétation explicative ne nous paraît pas liée au
gallicisme c'est que. Même l'usage admet des expansions
autres, notamment 1) lorsque le coréférent du démonstratif
est une désignation nominale simple (voir (132), (133),

(153)), et 2) lorsque le mot-copule est lui-même à la forme
interrogative ((124), (126), (154)):

> (153) Ta chance, c'est que personne n'y croit (<u>y</u> renvoie
> à autre chose, par exemple "à tes histoires")
> (154) <u>Est-ce que</u> tu es satisfait ?

L'usage semble privilégier le sens "explicatif" lorsque
<u>c'</u>, par coréférence, désigne un état de choses, assertivement
présent dans ou inférentiellement déductible du contexte
situationnel. Même un énoncé comme (153) peut être ainsi
entendu, comme le serait préférentiellement un énoncé comme
(155):

> (155) <u>Ton chapeau</u> ? C'est que tu <u>l'</u>as oublié !

En ce cas, la désignation nominale parataxique (ta
chance; ton chapeau) est reprise par le pronom verbal II (y;
l') et le démonstratif renvoie à un contenu assertif antérieur ou implicite. Mais, il ne faudrait pas confondre valeur
dénominative d'usage et valeur désignative conceptuelle. Rien
de glossologique n'empêche d'entendre dans l'énoncé (155) une
adéquation sémantique où <u>c'</u> soit coréférentiel de <u>ton
chapeau</u>, et <u>l'</u> d'autre chose, car les contraintes syntaxiques, y étant in-différentes, autorisent l'un et l'autre. Il
suffit que la situation référentielle s'y prête, par exemple
(pourquoi pas ?!):

> (156) Vous vous coiffez chacun du chapeau de vos problè-
> mes. Les uns exagèrent leur personnage, les autres
> l'ont oublié. Toi, <u>ton chapeau</u>, <u>c</u>'est que tu l'as
> oublié !

3.4.3. Quant à la forme interrogative du schème 4, l'usage en
a fait un idiomatisme synonyme de l'interrogation simple, du
moins lorsque la copule est à l'indicatif présent (par
exemple (124), (126) et (154)). Mais l'interprétation explicative reste possible, et redevient préférentielle en dehors
de l'indicatif présent, par exemple

(157) Est-ce qu'il dort ? (Synonyme: "Est-ce parce que il dort ?")

(158) Etait-ce qu'il avait peur ?

(159) Etait-ce qu'il est peureux ?

(160) Serait-ce que tu as peur ?

Le schème 4, interrogatif ou non, s'articule récursive-ment sur n'importe quel schème à constituant verbal subor-uonnant, et notamment sur chacun des rapports dont nous avons traité. L'initiale verbale doit en effet être libre, afin de pouvoir accueillir à son tour la marque du blocage dissymé-trique que lui impose la complémentarisation par rapport à c'est/est-ce - - que:

(161) Est-ce que c'est la preuve que Dieu existe ? (voir (18))

(162) Est-ce que c'est l'argument dont il se sert tou-jours ? (voir (36))

(163) Est-ce que cette phrase est l'argument qui me manque (voir (40))

(164) Est-ce que c'est une erreur, qu'il l'ait dit ? (voir (85))

(165) Est-ce que c'est qu'il dort ? (voir (123))

Par ailleurs, toutes les hybridations syntaxiques dans le constituant subordonné (c'est-à-dire II, dans le schème 4 du rapport D, p. 129) restent possibles, par exemple

(166) Est-ce que ce l'est, une erreur, qu'il se soit tu ? (voir (107))

(167 Est-ce qu'un roman, ce l'est, ce livre ? (voir (94))

(168) Est-ce que, qu'il n'ait rien dit, une honte, ce l'est ? (voir (110))

La même articulation récursive de c'est - - que et est-ce - - que peut porter sur le rapport présentatif. Mais il faudra ici faire preuve de perspicacité, car l'homophonie du constituant copule et l'existence de règles de permutation des pronoms interrogatifs peuvent engendrer des confusions. Contentons-nous ici de présenter quelques exemples:

<u>Présentatif</u>:

    (169) C'est les fleurs qu'il achète

    (170) C'est quand qu'il part ? = Quand <u>est-ce</u> qu'il part ?

<u>Schème 4 sur présentatif</u>:

    (171) C'est que c'est les fleurs qu'il achète

    (172) C'est que c'est les pommes que le garçon veut

<u>Idem, interrogatif</u>:

    (173) Est-ce que c'est les fleurs qu'il achète ?

    (174) Est-ce que c'est les pommes que le garçon veut ?

En (170), le mot interrogatif doit précéder la forme interrogative de la copule. Il en va de même des autres pronoms interrogatifs. Ainsi, on aura

soit

    (175) C'est qui ?

ou

    (176) Qui est-ce ? [11]

Dans certains cas, le pronom antéposé devient préfixe verbal (partiel du mot verbal). Ainsi:

    (177) C'est quoi ?

ou   (178) <u>Qu</u>'est-ce ?

D'autre part, comme la forme interrogative de la copule a pour marque la suffixation du premier pronom verbal, c'est-à-dire de celui que factorise et efface la complémentation sub-jective (est-<u>ce</u>, est-<u>il</u>, suis-<u>je</u>, etc.), et que le deuxième pronom (celui que factorise et efface la complémentation

_____

(11) Sans parler d'une troisième possibilité : quand c'est ? qui c'est ?

attributive (<u>l</u>'est-il; il <u>l</u>'est)) n'a pas cette liberté dispositionnelle, on aura pour formes correspondantes à inter-
rogatif-sujet:

(179) Qui l'est ?
ou (180) Quoi l'est ? (12)

Que (180) puisse être taxé de lourd ou de surprenant
(Grevisse, 702, a, 2) est une considération esthétique de
style qui ne doit pas nous abuser sur la structure grammaticale qui l'informe. Par ailleurs, nous avons trouvé là un
critère sûr permettant de faire le départ entre articulation
récursive du schème D et articulation récursive du présentatif. En effet, si nous comparons les deux schèmes, nous
constatons que D bloque l'initiale verbale sur le conjonctif
<u>que</u>, alors que le schème présentatif la bloque sur le jonctif
anaphorique <u>qui/que</u>, par exemple

(181)   D   : C'est - - <u>que</u> il vient/ C'est - - <u>que</u> je
              le sais
(182) Présentatif: C'est - - lui - - <u>qui</u> vient/
                    C'est - - lui - - <u>que</u> je connais/
                    C'est - - demain - - <u>que</u> je viens/
                    C'est - - ici - - <u>que</u> j'habite/
                    C'est - - tricher - - <u>qu</u>'il fait

3.4.4. Les choses sont claires, aussi longtemps que la seule
antéposition du mot interrogatif - ou, dans le cas de quoi ?/
que ?, du partiel interrogatif - est concernée. Ainsi, les
exemples suivants illustrent cette règle dans le cadre du
schème présentatif:

(183) C'est - - qui - - qui vient ?
              Qui - - c'est - - qui vient ?
                    Qui - - est-ce - - qui vient ?

----

(12) <u>L'est qui</u> ? nous paraît grammatical, au même titre que
     par exemple "Vient - - qui ?"

(184) C'est - - qui - - que tu vois ?

        Qui - - c'est - - que tu vois ?

               Qui - - est-ce - - que tu vois ?

(185) C'est - - quoi - - qui te tracasse ?

        ? Quoi - - c'est - - qui te tracasse ?

          <u>Qu'est-ce</u> - - qui te tracasse ?

(186) C'est - - quoi - - que tu vois ?

        ? Quoi - - c'est - - que tu vois ?

          <u>Qu'est</u>-ce - - que tu vois ?

Il s'agit bien ici du schème présentatif. Ce qu'il faut souligner, c'est que l'usage (standard ?) en impose l'exclusive acceptabilité dans le cas illustré par l'exemple (185). En effet, aucune contrainte sociolinguistique ne vient limiter les différents emplois des pronoms interrogatifs dans tous les autres cas: <u>qui</u> peut être "complément" syntaxique sujet, attribut, direct, prépositionnel; <u>quoi</u> ou <u>que</u> de même, sauf sujet ou premier pronom verbal. Ainsi:

(187) Qui vient ? - Qui est-ce ? - Qui est-elle ? - Qui vois-tu ? - Avec qui joue-t-il ?

(188) Qu'est-ce ? - Qu'est-il ? - Que vois-tu ? - Avec quoi joue-t-il ?

(189) * Que bouge ? - ? Quoi bouge ? - * Que te tracasse ?

Sociolinguistiquement, (183), (184) et (186) sont des alternatives synonymes de (187) et (188); (185) par contre est seul acceptable. Pour être complet, il convient d'ajouter, aux exemples (183) à (186), des exemples illustrant le schème présentatif articulé sur la copule:

(190) C'est - - qui - - que c'est ?

        Qui c'est <u>que</u> c'est ?

           Qui est-ce <u>que</u> c'est ?

(191) C'est - - quoi - - que c'est ?

        ? Quoi - - c'est - - <u>que</u> c'est ?

          Qu'est-ce <u>que</u> c'est ?

(192) C'est - - qui - - qui l'est ?

        Qui c'est <u>qui</u> l'est ?

          Qui est-ce <u>qui</u> l'est ?

```
(193) C'est - - quoi - - qui l'est ?
             ? Quoi - - c'est qui l'est ?
                    Qu'est-ce qui l'est ?
```

Ainsi, "qu'est-ce que c'est" n'est pas le schème D (= est-ce - - que c'est quoi ?), mais bien le présentatif (= est-ce - - quoi - - que c'est ?) avec initialisation du pronom interrogatif. Ce qui en fournit la preuve, c'est la partielle variabilité lexicale de que, qui reste opposable à qui (exemple (193)). Nous retrouvons cette même opposition D/présentatif dans les exemples suivants, à articulation récursive:

```
(194) Présentatif:
          C'est - - lui - - qui vient/
          Est-ce - - lui - - qui vient ?
(195) D/Présentatif:
          C'est = = que c'est - - lui - - qui vient/
          Est = = que c'est - - lui - - qui vient ?
(196) Présentatif/Présentatif:
          ? C'est = = lui - - que c'est - - qui vient/
          ? Est-ce = = lui - - que c'est - - qui
                                            vient?
(197) Présentatif/Présentatif:
          C'est = = qui - - que c'est - - qui vient ?/
          Qui = = est-ce - - que c'est - - qui vient?
```

Soulignons au passage que l'usage entérine cette syntaxe, surtout lorsque s'y trouve impliqué un mot (ou partiel) interrogatif:

(198) Qui est-ce que c'est que tu vois ? - Qu'est-ce que c'est qui te tracasse ? - Qu'est-ce que c'est que tu vois ? - Quand est-ce que c'est qu'il part ? - Qui est-ce que c'est qui l'est ? - Qui est-ce que c'est que c'est ? - Qu'est-ce que c'est qui l'est ? - Où est-ce que c'est que tu habites ? - Sur quoi est-ce que c'est qu'il est tombé ? etc., etc.

Rhétoriquement, les énoncés (196), (197) et (198) sont

synonymes de leurs correspondants (170), (183), (194), (195), (196), (190) à (193). Théoriquement, c'est-à-dire si l'on se contente de projeter sur les "faits" une formalisation exté-rieure, on peut "expliquer" les énoncés (197) et (198) par l'un ou l'autre des deux rapports D ou présentatif (en arti-culation récursive sur un premier schème présentatif). La différence, en effet, se joue sur la localisation originaire que l'on veut bien attribuer à l'interrogatif. Ainsi, faut-il entendre dans "Qu'est-ce que c'est que tu vois ?" (198):

(199) Est-ce = = que c'est - - quoi - - que tu vois ?
      (D - - présentatif)

ou, au contraire,

(200) Est-ce = =quoi - - que c'est - - que tu vois ?
      (Présentatif - - Présentatif) ?

En d'autres mots: faut-il y entendre l'articulation syn-taxique de (195), ou au contraire celle de (196) ? Seule une mise à l'épreuve des frontières formelles peut nous fournir des éléments de réponse. C'est le statut syntaxique du deuxième que de (198) (souligné dans les exemples (199) et (200)) qui devrait permettre de différencier les deux rap-ports: conjonction en (199), anaphorique "attribut" en (200). Malheureusement, la variabilité partielle de ce dernier (que/qui) ne peut être éprouvée, car (200), résultant de l'application récursive du même schème présentatif, est bloqué deux fois sur que anaphorique:

(201) (= (186)) C'est - - quoi - - que tu vois Ø ?
              (évidement contextuel d'un objet direct)
(202) (= (200)) C'est = = quoi - - que c'est - - Ø - -
              que tu vois Ø ?
              (évidement contextuel d'un attribut, voir
              (177))

Le premier que (201) est variable (par exemple "c'est quoi qui te tracasse ?"). Le deuxième (202) ne l'est pas, non en raison du présentatif récursif, mais en raison du constituant c'est ∅ du schème présentatif subordonné, qui ne peut accueillir que l'anaphorique que (comparer "c'est lui que c'est"; (196)). En (202), il y a un double évidement contextuel (* que tu vois quoi + * que c'est quoi).

Il faut donc chercher à éprouver la réalité formelle de (200) et (202) (par opposition à (199)) par le détour d'une part de restrictions imputables au seul rapport D, et d'autre part de latitudes autorisées par le schème présentatif, mais cette fois articulé récursivement sur des rapports syntaxiques non-présentatifs.

Le rapport D peut s'articuler sur un présentatif (195), mais aussi sur un autre rapport D (165). Autres exemples:

1) D - - D

    (203) C'est = = que c'est - - qu'il part demain
    (204) C'est = = que c'est - - qu'il part quand ?
    (205) C'est = = que c'est - - que vient qui ?
    (206) C'est = = que c'est - - que tu fais quoi ?

2) D - - Présentatif

    (207) C'est = = que c'est - - demain - - qu'il part
    (208) C'est = = que c'est - - quand - - qu'il part ?
    (209) C'est = = que c'est - - qui - - qui vient ?
    (210) C'est = = que c'est - - quoi - - que tu fais ?

Dans la première série d'exemples, on a deux fois la conjonction que (deux fois le rapport D). Dans la deuxième série, on a d'abord la conjonction que (rapport D), ensuite l'anaphorique que/qui (schème présentatif). L'énoncé (207) peut recevoir la marque de l'interrogation:

    (211) Est-ce = = que c'est - - demain - - qu'il part ?

Il en va de même des exemples (208) à (210), même si une telle intégration dans un même complexe syntaxique du sème interrogatif verbal (est-ce) et d'un sème interrogatif pronominal (qui, quand, etc.) semble avoir peu de chance de trouver à informer un contenu sémantique adéquat:

(212) ? Est-ce = = que c'est - - quand - - qu'il part ?

(213) ? Est-ce = = que c'est - - qui - - qui vient ?

Ainsi, ce qui sépare l'articulation D - - Présentatif (195, 199, 212, 213) de l'articulation Présentatif - - Présentatif (196 à 198, 200), c'est que celle-là interdit l'initialisation du pronom interrogatif, alors que celle-ci y contraint en cas d'inversion de c'est. Ainsi "Quand est-ce que c'est qu'il part ?" (et les autres exemples (197) et (198)) résulte de l'initialisation de:

(214) C'est = = quand - - que c'est - - ∅ - - qu'il part
      (Présentatif - - Présentatif)

On trouve cette même latitude dispositionnelle du pronom interrogatif dans d'autres schèmes récursifs, avec ou sans présentatif:

1) Sans présentatif:

(215) Tu veux = = que je fasse - - quoi ?

(216) Que veux-tu = = que je fasse ?

2) Présentatif subordonné:

(217) C'est - - qui - - qui vient ? = Qui est-ce qui vient ?

(218) Tu dis = = que c'est - - qui - - qui vient ?

(219) Qui dis-tu = = que c'est - - ∅ - - qui vient ?

3) Présentatif subordonnant

(220) Tu veux = = que je fasse - - quoi ?

(221) C'est = = quoi - - que tu veux - - que je fasse ∅ ?

(222) Qu'est-ce - - que tu veux - - que je fasse ?

3.4.5. Remarquons enfin que cette longue discussion se justifie par notre volonté d'échapper à toute pratique descriptive qui tenterait d'aborder l'analyse formelle par le biais de l'interprétation sémantique. Les modèles implicites ne peuvent être cernés que si l'on évacue au préalable toute référence au contenu. Ainsi, on ne peut faire l'économie de ce travail d'investigation des frontières négatives en érigeant en critère grammatical des considérations de nature sémantique, fondées par exemple sur l'observation que (195) (est-ce ?) admet une réponse par oui/non, alors que les énoncés (197) et (198) (que-est-ce = c'est quoi ?) semblent la refuser. Ici comme ailleurs, il faut non pas formaliser, mais rejoindre le formel incorporé. Le langage est une dialectique et ce n'est pas le sens qui informe la grammaire, mais, inversement, la grammaire le sens, non sans que ce dernier en inverse le critère.

Encore faudrait-il être plus précis ! En effet, dans cet exemple précis, ce n'est pas l'investigation du statut gram- matical de l'interrogation verbale par rapport à l'interro- gation pronominale que nous contestons: la première, en effet, signifiant un effacement génératif, c'est-à-dire un moindre degré de présence du mot et donc de complétude assertive (il vient/vient-il/il ne vient pas), "appelle" tout naturellement le mot assertif par excellence (oui/non/si). La deuxième par contre, signifiant un effacement taxinomique, c'est-à-dire un moindre degré d'opposition sémique (le gar- çon/lui/qui ?/personne), appelle le sème différenciateur et désignatif. Ce que nous contestons, c'est la pratique des- criptive qui consisterait à fonder le critère de différen- ciation formelle des rapports D - Présentatif et Présentatif - Présentatif sur des observations statistiques portant sur l'acceptabilité et la plausibilité situationnelle des répon- ses aux deux types de questions. Même s'il y avait coïnciden- ce entre les frontières ainsi observées et celles que défi- nissent les critères formels syntaxiques, elle serait illu- soire car fondée sur une confusion des phases dialectiques.

3.4.6. Le rapport D est facilement homophone des rapports A et C. Rappelons que l'homophonie n'entame aucunement la dif- férence, structurale et négative, des marques (voir 3.2.1.).

L'homophonie n'est que la neutralisation <u>phonologique</u>, à certains cas, des restrictions négatives qui définissent les frontières <u>de deux marques distinctes</u>.

Ainsi, l'énoncé (34) ("C'est la preuve que je cherchais") n'est pas seulement homophone des rapports A, B et présentatif (voir 3.2.1.), mais en outre du rapport C (synonyme: "(qu'est-ce qui constitue la preuve ?). Que je cherchais, cela est la preuve") (voir aussi 3.3.). S'il est informé par C, (34) autorise des variations spécifiques, exclues par A et/ou D, et dont l'inventaire permet de mesurer les latitudes négatives qui en définissent les marques syntaxiques. Nous avons déjà souligné (voir 3.3.) que le rapport C se caractérisait par un certain nombre de latitudes dispositionnelles, d'hybridation parataxique et de disponibilité coréférentielle des pronoms, par exemple

    (223) <u>Que je cherchais</u>, <u>c</u>'est Ø la preuve
    (224) <u>Que personne n'y croit</u>, <u>c</u>'est Ø ta chance

Le constituant III est mi-syntaxique (sujet), mi-parataxique ("repris" par le démonstratif)

    (225) Que je cherchais Ø est Ø la preuve (syntaxe maximale: III est sujet, II est attribut) (comparer (108))
    (226) Ce <u>l</u>'est, <u>la preuve</u>, que je cherchais (paratagmatisation et du sujet et de l'attribut) (comparer (95), (107), (110), (117))
    (227) <u>La preuve</u>, ce <u>l</u>'est, que je cherchais
    (228) Que je cherchais, <u>la preuve</u>, ce <u>l</u>'est
    (229) <u>Ta chance</u>, ce <u>l</u>'est, que personne n'y croit
    (230) * <u>Ta chance</u>, c'est Ø que personne n'y croit
    (231) * <u>Ta chance</u> Ø est Ø que personne n'y croit

Avec les deux derniers énoncés nous touchons à une frontière négative, qui définit les latitudes dispositionnelles du constituant "attribut" du schème <u>copule</u> - - <u>attribut</u>: sur l'attribut, comme sur l'objet direct, pèse la contrainte qu'ils ne peuvent précéder leur complémentaire verbal qu'à condition d'être repris par un pronom verbal (paratagmatisation partielle, par exemple (227) et (229)). Ainsi:

(232) * Riche, il est/ * Un roman, c'est ce livre
(233) Riche, il l'est/ Un roman, ce l'est, ce livre (voir
(94) à (96), (111))
(234) * Son erreur, Pierre (il) reconnaît
(235) Son erreur, Pierre (il) la reconnaît

Cette même restriction permet d'éprouver les marques du rapport C par opposition au rapport D. En effet, si C exclut (230) et (231), D les autorise, car ta chance peut y être sujet hybride, repris par c' (ou d'ailleurs par un autre pronom, par exemple (236)):

(236) Ta chance, elle est que personne n'y croit

3.5. Rapport P (Présentatif)

Nous en arrivons enfin au rapport présentatif lui-même, dont nous n'interrogerons cependant que les formes canoniques.

Revenons d'abord brièvement à l'opposition des rapports illustrés par (11) et (12):

	I	II	III
(11) C'est	- - les fleurs	- -	que j'ai pris(es)
(12) C'est	- - les fleurs,	- -	ce que j'ai pris

En (12), nous reconnaissons le rapport C: schème 2 (c'est ∅ - - attribut, éventuellement avec accord en nombre: "ce sont - - les fleurs") et reprise parataxique du sujet, avec les mêmes latitudes dispositionnelles et de syntaxe hybride (voir 3.3.2.):

(237) Ce que je prends, - - c'est - - des fleurs
(238) Ce que je prends - - ∅ est/sont ∅ - - des fleurs
(239) Ce que je prends, ce l'est, des fleurs

Le rapport présentatif qui informe l'énoncé (11) est

défini par des marques formelles différentes de celles qui
assurent la solidarité syntaxique des rapports dont nous
avons traité jusqu'ici. Tentons d'en dresser l'inventaire
contrastif.

3.5.1. Le statut syntaxique du constituant "sujet hybride" de
(12) (III) se fonde sur le seul blocage de son initiale (cas
Ø-préposition), toutes les autres variabilités lexicales
restent intactes, du moins dans leur rapport aux constituants
I et II. Tout y est possible, du moins tout ce qu'autorise le
rapport C (voir 3.3.). Si nous avons privilégié ici l'une des
variantes du constituant III de ce rapport, c'est en raison
de son potentiel conceptuel synonymique par rapport au
rapport P. Il s'agit à présent d'élucider les différences
formelles non seulement de P par rapport à C, mais également
par opposition à la structure interne de la variante C-III,
telle que illustrée par l'exemple (12).

Le trait caractéristique de cette variante C-III est
d'être une relative déterminative à antécédent pronominal (ce
que, ce qui, ce dont, ce à quoi, etc.; celui qui, celui à
qui, etc.), dont la spécificité, par opposition à la relative
appositive (cela - - que, cela - - qui, cela - - dont, etc.;
ceci - - qui, etc; celui-là - - que, celui-ci - - à qui,
etc.) réside dans le fait que l'anaphorique (que, qui, dont)
limite l'extension de sa référence formelle au seul partiel
lexématique de l'antécédent, qui, s'agissant d'un pro-nom,
est un lexème évidé (voir Velly, 1984).

La marque formelle de cette limitation anaphorique est
l'effacement de l'adverbe -là/-ci (ceØ; celuiØ etc.). En
d'autres mots: la relation anaphorique établit son lien
formel entre le verbe et le seul zéro lexématique du pronom
déterminatif, dont la marque allomorphique est ici Ø (ceØ),
-lui (celui), -elle(s) (celle(s)) et -eux (ceux), laissant
ainsi le préfixe ce étendre son incidence sur l'ensemble du
mot verbal [13]:

(240) Ce = lui - qui - nous - regarde

(241) Ce = Ø - que - tu - as - dit

(242) Ce = Ø - à quoi - tu - t'attends

(243) Ce = elle - que - tu - connais

3.5.2. Nous pouvons à présent tenter de dégager les marques différentielles de C-III et P-III, en en éprouvant les blocages taxinomiques. Les deux ont en commun la plupart des marques d'évidement anaphorique, qu'ils partagent avec B-III (voir 3.2.): évidement verbal pronominal, contextuel et accord, par exemple

(247) * Ce - que - tu - l'as - dit (C)

(248) * C'est - - une pomme - - qui elle est tombée (P ou B)

(249) * C'est - - une pomme - - que je la vois (P ou B)

Mais P-III est défini par des marques formelles spécifiques:

1) Après que (P-III), il n'y a en principe pas d'accord du participe passé, par exemple [14]

(250) C'est - - les fleurs - - que j'ai pris (P)

---

(13) Il en va de même des relatives à antécédent nominal, à la seule différence près que le système de dénotation de l'opposition déterminative/appositive y est plus complexe (par exemple mode subjonctif du verbe pour la déterminative; O lequel pour l'appositive) (voir Velly, 1984). Dans la relative déterminative, le préfixe prédéterminant de l'antécédent nominal, échappant à l'anaphore formelle, régit l'ensemble syntagmatique lexème nominal - - verbe relatif:
(244) Les = (chiens - - qui aboient) = = ne mordent pas
On comprend que, dans le cas de l'antécédent pronom (lexème effacé), cette limitation de l'extension anaphorique et son corollaire, le règne du préfixe sur le tout, déterminent une "désyntagmatisation" de ce tout:
(245) Cela - - que tu dis = = (c')est une erreur (relative appositive)
(246) Ce Ø-que-tu-dis - - (c')est une erreur (relative déterminative)

(251) C'est - - des roses, celles que tu as pris<u>es</u> (C)

(252) C'est - - des fleurs - - qu'il a achet<u>ées</u> lui-même (B)

(253) C'est - - Pierre - - <u>qui l</u>'a épous<u>ée</u> (P)

2) La variabilité du pronom anaphorique est limitée à l'opposition <u>que/qui</u>, alors que B-III et C-III autorisent tous les cas prépositionnels [15]:

(254) C'est - - une rose, ce <u>à quoi</u> je pense (C)

(255) C'est - - les fleurs - - <u>dont</u> je t'ai parlé (B)

(256) C'est - - l'homme - - <u>à qui</u> j'ai vendu ma voiture (B)

(257) C'est - - un homme - - <u>avec qui</u> j'aime travailler (B)

(258) C'est - - à cet homme - - <u>que</u> j'ai vendu ma voiture (P)

(259) C'est - - à une rose - - <u>que</u> je pense (P)

(260) C'est - - lui - - <u>qui</u> m'a aidé (P)

(261) C'est - - de lui - - <u>que</u> je parle (P)

(262) C'est - - avec cet homme - - <u>que</u> j'aime travailler (P)

La spécificité des marques du rapport présentatif réside dans le traitement formel de la liaison anaphorique. Comparons le présentatif et la relative, par exemple

---

(14) Néanmoins l'accord reste possible (et, inversement, l'absence d'accord en B-III semble envahir la langue familière). Pour A. Goosse, les deux cas relèveraient de la même tendance à l'absence d'accord (communication orale). Quoi qu'il en soit de ces divergences sociolinguistiques, le blocage formel est le même: qu'il y ait blocage sur zéro ou sur de la redondance, c'est toujours la même marque.

(15) Sans parler de "lequel" et de "dont" ! Par ailleurs, nous négligeons les tours, devenus assez rares aujourd'hui (Grevisse, 447, 3), qui admettent en P-III une variabilité prépositionnelle, par exemple: "C'est - - vous - - à qui je parle/C'est - - lui - - dont je parle". De même les tournures où la préposition apparaît, simultanément, en P-II et P-III: "C'est - - <u>de</u> lui - - <u>dont</u> il s'agit" (Grevisse, 447, 3).

(263) C'est - - la dame - - à qui je l'ai dit Ø - - Ø (B)
(264) C'est - - à la dame - - <u>que</u> je l'ai dit Ø - - Ø (P)
    (voir aussi (258), (259), (261), (262))

Les évidements verbaux, pronominaux et contextuels, imposés, dans les deux rapports, par le relatif (symbolisés dans les transcriptions (263) et (264) par "Ø"), définissent des frontières négatives d'invariabilité taxinomique qui, elles-mêmes, sont des indices formels de permanence sémique: en effet, elles sont l'effet de la factorisation de choix faits pour plusieurs (identification de la pluralité).

Cette permanence sémique est détruite dans les énoncés suivants:

(265) * C'est - - la dame - - à qui je le <u>lui</u> ai dit - - <u>à la dame</u>
(266) * C'est - - à la dame - - que je le <u>lui</u> ai dit - - <u>à la dame</u>

Le lieu de la différence entre les deux rapports saute aux yeux: <u>la dame</u> - - <u>à qui</u> vs <u>à la dame</u> - - <u>que</u>. Mais il faut l'interpréter en termes de frontières formelles.

3.5.3. Nous avons vu (3.2.) que le rapport B est un schème récursif articulé sur un schème relatif: dans ce dernier, le constituant nominal (B-II), étant subordonnant, conserve la totale variabilité de son initiale, autorisant par exemple

(267) <u>à</u> la dame - - <u>à</u> qui je l'ai dit

Si, dans l'exemple (263), <u>la dame</u> est bloqué sur le cas direct, ce n'est pas en raison du schème relatif, mais uniquement parce que le mot-du-mot de ce schème est récursivement intégré dans un schème 2 <u>copule</u> - - <u>attribut</u>. Rien ne m'empêche d'articuler d'autres schèmes (par exemple "verbe-être - - <u>préposition</u>-nom) sur le schème relatif, par exemple

(268) (ce livre) C'est = = <u>pour</u> la dame - - à qui je l'ai promis

En d'autres mots: la référence formelle anaphorique déterminée par les évidements verbaux B-III porte, certes, sur l'antécédent nominal, mais à l'exclusion de son initiale. C'est pourquoi l'opposition casuelle (cas direct et prépositionnel) est conservée en B-III.

Dans le rapport présentatif, par contre, l'évidement porte sur le tout. La seule liberté taxinomique qui soit conservée porte sur l'opposition entre l'un des deux cas directs et tous les autres cas (qui pour l'effacement du premier pronom verbal, que dans tous les autres cas). Cela signifie que la base de l'anaphore formelle est ici l'antécédent P-II, y compris son initiale. Cette initiale de P-II (à la dame - - que je le ∅ ai dit - - ∅) est dès lors un indice formel de cosolidarité syntaxique avec P-III: elle est entièrement déterminée par les potentialités polyrhémiques et syntaxiques du lexème verbal P-III. Ces potentialités, le verbe y renonce (effacements), parce que P-II les sature et les factorise.

Il s'en suit par ailleurs que P-II, n'étant pas initialement libre, ne peut être intégré par articulation récursive par un autre schème subordonnant. C'est ce qui distingue le rapport présentatif des rapports A, B et D. Ces derniers se constituent par application récursive d'un deuxième schème sur un premier:

(269) voir (263) et (268) (B)
(270) C'est = = la pensée - - que rien ne se perd (A)
(271) C'est = = que je l'ai dit ∅ - - à la dame
       (D sur Verbe - - Objet indirect)

Pourtant, le constituant I (c'est) du présentatif a son initiale libre, ce qui permet l'intégration récursive du présentatif dans d'autres schèmes subordonnants, par exemple

(272) Je sais = = que c'est - - à la dame - - que je l'ai
       dit
(273) si c'est - - de moi - - que tu parles

Ainsi, seul le rapport présentatif dans sa totalité est intégrable par complémentarisation récursive, et cela grâce à la liberté initiale du constituant "O-c'est" (P-I). Les deux autres constituants sont bloqués. L'analyse des énoncés (269) et (271) nous permet d'élucider la modalité spécifique de ce double blocage initial. En effet, (269 = 263) et (271) illustrent ce que le rapport présentatif ne peut pas être, notamment deux blocages initiaux successifs, par articulation récursive soit de I sur II-III (263), soit de I sur III-II (271):

(274 = 263) 1) O la dame - - ∅ à qui je l'ai dit

        2) O c'est = = ∅ ←— O la dame - - à qui je l'ai dit

(275 = 271) 1) O je l'ai dit - - ∅ à la dame

        2) O c'est = = ∅ que ←— ∅ je l'ai dit - - à la dame

Dans le cadre du schème présentatif, les deux blocages (sur II et III) sont, par rapport à I, simultanés et indissociables: II et III sont mutuellement complémentaires, mais ils ne le sont qu'à travers I. Le rapport syntaxique qui informe l'énoncé (276)

(276) C'est - - à un échec - - que je m'attendais

n'est pas décomposable, ni en niveaux récursifs successifs (voir ci-dessus), ni non plus en deux syntagmes binaires articulés, chacun, par emboîtement sur un même constituant commun. C'est ce qui distingue (276) de (277) et (278):

(277) ∅ Pierre - - ∅ s'attend ∅ - - ∅ à un échec
(278) ∅ ce livre - - ∅ est ∅ - - un échec

Dans ces deux exemples, le même mot verbal est complémentarisé simultanément, mais non indissociablement, avec chacun des deux mots nominaux, articulant ceux-ci non entre eux ("ce livre" n'a rien à voir avec "un échec"), mais sur un commun rapport au verbe: ∅ ce livre - ∅ l'est (sujet - - copule) +

il ∅ est - - ∅ un échec (copule - - attribut). Ici, chacun des deux rapports peut exister seul. En (276), par contre, il est impossible d'extraire du rapport I-II-III un quelconque syntagme dont les constituants ne seraient que deux de ces trois unités: ainsi, ni "C'est à un échec", ni "C'est que je m'y attendais" ne constituent les rapports instaurés par le présentatif.

3.5.4. Reste à éprouver les marques formelles du constituant I. D'abord, le non-effacement du deuxième pronom est impossible:

(279) * Ce l'est - - demain - - que je viens
(280) * Ce l'est - - le livre - - que j'ai lu

Inversement, le démonstratif ne peut être ni effacé ni substitué:

(281) * Cela - - ∅ est ∅ - - lui - - qui l'a dit
(282) * Ce livre - - ∅ est ∅ - - un roman - - qu'il écrit
(283) * Il est - - l'homme - - que nous cherchons

Ce dernier énoncé peut être informé par le rapport B, mais non par le présentatif. En effet, le premier autorise une variabilité que le deuxième interdit, par exemple

(284) Il est - - l'homme - - à qui nous avons pensé (B)
(285) * Il est - - à l'homme - - que nous avons pensé

Et l'homophonie de (286):

(286) C'est - - l'homme - - que nous cherchons (B et P)

s'éprouve autant sur les variabilités du mot-copule autorisées par l'un et l'autre des deux rapports, qu'aux disponibilités coréférentielles du démonstratif. Ainsi, ce que B autorise comme variante parmi d'autres (c'est = il est, etc.), le rapport présentatif l'impose comme indice formel (c'est ∅):

1) B:

(287) C'est Ø/Il est Ø/Vous êtes - - l'homme - - que nous cherchons

(288) Il l'est - - l'homme que nous cherchons

(289) Cela, c'est/Ce passant, c'est - - l'homme que nous cherchons

(290) Çà doit être/Il semble être - - l'homme que nous cherchons

(291) Est-ce/Serait-ce/Ce n'est pas/Il n'est pas - - l'homme que nous cherchons

2) P:

(292) C'est/Est-ce/Ce n'est pas - - l'homme - - que nous cherchons

(293) C'est/Est-ce/Ce n'est pas - - à l'homme - - que nous nous adressons

(294) Serait-ce/C'était - - à l'homme - - que nous nous adress(i)ons

(295) Ce peut/doit être - - à nous - - qu'il s'adresse

(296) * Ce passant, c'est - - l'homme - - que nous cherchions

(297) Ce passant, c'est - - à nous - - qu'il s'adresse

(298) * Ce l'est - - l'homme - - que nous cherchons

(299) Pourvu que ce soit - - lui - - qui vienne

(300) De quoi - - est-ce - - qu'il parle ?

Dans le rapport présentatif - et contrairement au schème 3 dans B (voir 3.2.3.) -, O-Ce-être-Ø est indéplaçable, insuppressible et nécessaire; la seule variabilité qui soit admise, c'est la négation (292, 293), l'interrogation (294) et les oppositions sémiques de temps, mode et aspect verbal (294, 299) [16]. Par ailleurs, l'initiale du constituant I étant libre (272, 273, 299), le schème présentatif est

---

(16) Et, dans une certaine mesure, l'opposition de nombre: c'est/ce sont - - les nuages - - qui m'inquiètent (accord en nombre entre I et II) (Grevisse, 898).

susceptible d'intégration récursive (par exemple (197), (198), (202), (207) à (211), (218), (219)):

(301) Est-ce = = <u>que</u> c'est - - de pain - - que tu as besoin ?

(302) Qui - - est-ce = = que c'est - - qui te l'a dit ?

La contrainte d'effacement du deuxième pronom (voir (279), (280), (298)) signifie l'impossibilité de toute parataxe. Le choix syntaxique (non libre) de <u>ce</u> instaure une cataphorisation formelle, et détermine une <u>impossibilité de reprise coréférentielle</u> d'une désignation antérieure (voir (296) et 3.2.3.). En présence d'une telle désignation, l'énoncé informé par le présentatif ne peut faire sens que si cette désignation peut être reprise par un autre pronom (78 à 81) [17] ou si le mot sémiologique qui l'informe est un constituant subordonné à P-II ou P-III (83) [18], par exemple

(306) ? De cette erreur, c'est - - eux - - qui <u>en</u> sont les responsables

(307) Fatigué, c'est - - moi - - qui <u>le</u> suis

Dans l'exemple suivant:

(308) Un ami dont c'est le tennis qui est le sport préféré,

---

(17) Cet autre pronom peut être P-II, par exemple
     La campagne, c'est <u>cela</u> qui me distrait
     Mon frère, c'est <u>lui</u> qui me l'a dit
     Marie, c'est d'<u>elle</u> qu'ils ont parlé
     Ce qu'il voit, c'est <u>cela</u> qui m'intéresse
(18) Mais la grammaticalité, ou l'acceptabilité sociale (?),
     restreignent fortement de telles dislocations, par
     exemple
     (303) * Les photos, c'est - - moi - - qui ∅ ai pris
     (304) * De ton ami, c'est - - l'insolence ∅ - - qui m'inquiète
     Autres possibilités:
     (305) (De) ton ami, c'est <u>son</u> insolence qui m'inquiète
           (partiellisation nominale)/Mon ami, c'est le tennis
           qui est <u>son</u> sport préféré.

le présentatif est intégré récursivement dans un rapport B: <u>dont = de qui-c'est</u>... Ce jonctif relatif anaphorise le nom antécédent (un ami) et évide le contexte génitif de <u>l'attri</u><u>but</u> de la copule P-III (est le sport - - Ø).

3.5.5. L'exemple (295) montre que les marques syntaxiques de P.I peuvent se répartir sur un syntagme biverbal <u>Verbe auxilié</u> - - <u>Infinitif être Ø</u>: le démonstratif et les suffixes flexionnels (3° P. Sg/éventuellement Pluriel) sont assumés par l'auxiliaire; la copule, l'effacement du deuxième pronom et la double complémentation par II et III, par l'infinitif. L'auxiliation est fondée sur ce partage des marques, dispensant l'un des constituants de celles qu'assume l'autre (factorisation, persistance d'un même choix). Elle permet d'instaurer une profondeur syntaxique à l'intérieur-même de P-I. Il s'agit d'un processus formel, à l'application particulière duquel l'<u>usage</u> impose des limites sévères. En effet, la catégorie des verbes susceptibles d'auxilier P-I est sociolinguistiquement restreinte et les jugements d'acceptabilité concernant telle ou telle application sont souvent hésitants (19):

> (309) Ca <u>va</u> être Ø (une fois de plus) - - moi - - qui travaillerai
> (310) ? C'<u>est en train</u> d'être Ø - - eux - - qui se disputent
> (311) Ca <u>a failli</u> être Ø - - à toi - - qu'il s'en est pris
> (312) Ca <u>ne saurait</u> être Ø - - lui - - qui a fait cela
> (313) Ca <u>commence à</u> être Ø - - eux - - qui se trompent
> (314) C'<u>est censé</u> être - - des idées - - qu'il exprime
> (315) Ca <u>a l'air</u> d'être - - lui - - que je vois

3.5.6. Il nous faut revenir au constituant P-II, dont nous avons dit (3.5.3.) qu'il constituait la base de l'anaphore formelle instaurée par les évidements pronominaux et/ou

---

(19) Pour une présentation détaillée du processus d'auxiliation (dans le cadre du syntagme impersonnel), voir Hériau, 1980, pp. 117-183.

contextuels du mot (ou syntagme) verbal P-III. En effet, les
exemples que nous avons proposés jusqu'ici tendent à confiner
P-II dans le seul type nominal. En réalité, P-II a une variabilité plus grande, et de type et de complémentarité syntaxique avec P-III. D'autre part, il reste à interroger un certain nombre de libertés et de réductions taxinomiques liées
aux autres constituants du schème présentatif. Nous nous
contenterons ici d'en citer les cas les plus significatifs.

3.5.6.1.

a) P-III, initialisé par qui/que, doit être un mot verbal à
   morphème assertif suffixé:

   (316) * C'est   je-veux   que dormir
   (317) * C'est   dort   que-il   / ... que Pierre
   (318) * C'est   de la bonne réponse   que-souviens-
          toi

b) Cette même contrainte oblige à signifier (317) par le
   recours, en P-II, au pro-morphème verbal (Infinitif) et,
   en P-III, au pro-verbe "faire":

   (319) C'est dormir qu'il-fait / ... que fait
         Pierre
   (320) Ce n'est pas mendier, mais demander de l'aide   que
         j'ai fait
   (321) C'est   pleuvoir (des cordes)   qu'il faisait
   (322) C'est te tromper qu'ils font   /...   qu'ils
         feraient s'ils le pouvaient

L'infinitif est sémiologiquement le mot verbal à morphèmes
effacés; "faire" est le mot verbal à lexème effacé. Ainsi,
l'infinitif signifie les choix (lexématiques) dont le
pro-verbe signifie le zéro. Et, inversement, le pro-verbe
signifie les choix (morphématiques) dont l'infinitif
signifie l'effacement.

c) La négation restrictive "ne...que", dont la marque a pour

propriété générative particulière d'être discontinûment
distribuée sur deux unités, impose, lorsqu'elle porte sur
le lexème verbal seul, une contrainte similaire de syntag-
matisation par FAIRE--INFINITIF:

    (323) * Il-ne-que-dort
    (324) Il-ne-_fait_ - - que-_dormir_
    (325) Je-ne-fais - - que-passer

Le schème présentatif peut intégrer ce syntagme "ne... - -
que..." aussi bien en P-II qu'en P-III:

    (326) C'est = = ne faire - - que dormir = = qu'il fait
    (327) C'est = = dormir = = qu'il ne fait - - que faire

En (326), c'est P-II qui est constitué par "ne fait que
INF" (et le pro-verbe est lui-même à l'infinitif); en
(327), c'est P-III (et l'infinitif est lui-même pro-
verbe !).

3.5.6.2. P-II, dont l'initiale sature formellement l'évidement verbal P-III, peut être de type nominal ou verbal,
pourvu qu'il ait le statut de mot (ou de syntagme). Ainsi,
tout sème (ou amalgame sémique) isolé et générativement
partiel est exclu [20]:

    (328) * C'est   me / te / les...   qu'il   connaît
    ——→ ...moi / toi / eux
    (329) * C'est   je / tu / il / on... qui le prétend(s)
    ——→ ...moi / toi / lui / nous [21]
    (330) * C'est   dans   qu'il l'a mis ——→ dedans
    (331) * C'est   en   qu'il a besoin ——→ de cela

Variabilité interne de P-II:

---

(20) Voir cependant (425) ci-dessous.
(21) Voir Grevisse, & 447, 1; et, en langue populaire, le
    surprenant: "C'est = nous = _qu'on_ est les duchesses" !

```
(332) C'est    maintenant     qu'il faut agir
(333) C'est    quand on est seul      que  c'est  diffi-
       cile
(334) C'est    de ce qu'elle viendra   que je me réjouis
(335) C'est    parce qu'il pleut      que je reste
(336) C'est    à ce que tu viennes    qu'il s'attend
(337) Ce n'est     que si on le questionne      qu'il
       daigne répondre
(338) C'est    fou        qu'il est
(339) C'est    "espèce de fou"    qu'il a dit
(340) C'est    te voir        qu'il veut
(341) C'est    de le voir là      qui m'inquiète
(342) C'est    pour te voir       qu'il est venu
(343) C'est    (de) le convaincre     qui prend du temps
(344) C'est    mort ou vif        que je le veux
(345) C'est    qui veut       qui vient
(346) C'est    qu'il le sache     que je n'aime pas
(347) C'est    comment il nous connaît     que j'ignore
(348) C'est    de quoi ils ont parlé   que je veux savoir
(349) ? C'est  qu'on le respecte      qu'il exige
(350) ? C'est  si tu viens        qu'il demande
(351) ? C'est  qu'il ne sait rien     qu'il dit
```

Les derniers exemples, qu'on pourrait multiplier, montrent qu'il existe des résistances aux latitudes de complémentation en P-II. Mais s'agit-il de frontières grammaticales ou, plus simplement, de restrictions imposées par l'usage ?

3.5.6.3.

a) Comme P-III peut être un syntagme, P-II peut ne compléter qu'un constituant de celui-ci:

```
(352) C'est    cette boîte        que je veux - - récu-
       pérer - - Ø
(353) C'est    récupérer cette boîte   qu'il veut - - Ø
(354) C'est    à elle   que je crois   - - que cela
       appartient - - Ø
(355) C'est    de son innocence   que cette lettre - -
       est - - une preuve éclatante
```

    (356) C'est   <u>de quoi</u>   qu'il a dit - - <u>qu'ils ont</u>
           <u>parlé</u> - - ∅ ?

    (357) C'est   pieds et mains liés   que   je veux - -
           qu'il soit livré - - ∅

    (358) C'est   me pardonner   que je veux - - qu'il fasse
           - - ∅ (3.5.6.1.b)

c) Ce que nous avons appelé P-III peut être un ensemble hybride, contenant par exemple un complément subordonné par P-II, syntaxique ou mi-syntaxique (parataxique), ou même, lorsque P-II est un mot pronominal, l'équivalent parataxique de P-II:

    (359) C'est   récupérer =   qu'il veut - - ∅ = cette
           boîte

    (360) C'est   <u>la</u>-récupérer qu'il veut - - ∅, = <u>cette</u>
           <u>boîte</u>

    (361) C'est   récupérer   qu'il <u>la</u> veut - - ∅, =
           cette boîte

    (362) C'est   <u>elle</u>   qui l'a dit, = <u>Marie</u>

    (363- C'est   <u>la</u> vouloir   qu'il fait   - - ∅, = le
           garçon, = <u>cette boîte</u>

Comme le montre déjà ce dernier exemple (= le garçon), P-III autorise par ailleurs toutes les latitudes parataxiques internes:

    (364) C'est   moi   qui <u>les</u> prendrai, <u>ces fleurs</u>

    (365) C'est   avec sa poupée   qu'<u>elle</u> joue, <u>Marie</u>

    (366) C'est   agréable   que <u>c</u>'est, <u>voyager</u>

Rappelons que le complément parataxique en P-III peut tout aussi bien précéder P-I (voir déjà (29), (33), (78) à (81)):

    (367) <u>Ces fleurs</u>, c'est   moi   qui <u>les</u> prendrai

    (368) <u>Le cheval</u>, c'est   de son ombre qu'<u>il</u> a peur

Par contre, P-I interdit toute parataxe (voir 3.5.4., p. 153), et P-II n'autorise que le cas traité ci-dessus (énoncé

(363)), avec possibilité d'initialisation du complément parataxique:

(369) <u>Cette boîte</u>,   c'est   <u>la</u> vouloir   qu'il
      fait - - Ø, = le garçon
(370) <u>Marie,</u>   c'est   <u>elle</u>   qui l'a dit
(371) <u>A un échec,</u> c'est   à <u>cela</u>   que je m'attends

3.5.6.4. Le schème présentatif peut non seulement être lui-
même intégré dans des syntagmes qui le parenthétisent au
titre de constituant (voir par ex. (171) à (174), 195, 218,
219), mais il peut lui-même accéder au rang de constituant
P-II ou P-III d'un schème P de rang supérieur. L'intégration
en P-II n'est bien sûr possible que si le schème P intégré
peut être lui-même bloqué sur un morphème initial subordonné.
Si nous appelons P1 (P1-I + P1-II + P1-III) le schème de rang
inférieur, et P2 (P2-I + P2-II + P2-III) le schème de rang
supérieur, nous aurons par exemple:

(372) P1: Il part = = <u>parce que</u> c'est - - lui - - qu'on
      agresse
(373) P1: Je m'attends = = <u>à ce que</u> ce soit - - lui - -
      qui vienne
(374) P1: Je sais = = <u>que</u> c'est - - lui - - qui vient
(375) P2 = = P1: C'est = = parce que c'est - - lui - -
      qu'on agresse = = qu'il part
(376) P2 = = P1: C'est = = à ce que ce soit--lui--qui
      vienne = = que je m'attends
(377) P2 = = P1: ? C'est = = que c'est--lui--qui vient
      = = que je sais

Un exemple d'intégration récursive de P1 en P1-III:

(378) P1: C'est - - lui - - qui part (parce qu'on l'a-
      gresse)
(379) P1 = = P2: C'est = = parce qu'on l'agresse = = que
      c'est - - lui - - qui part

Et pourquoi n'aurait-on pas les deux à la fois (P2-I +

P2-IIP1 + P2-IIIP1):

(380) C'est = = parce que c'est lui qu'on agresse = = que
c'est lui qui part !

Lorsque P1-II est un mot interrogatif, les variantes que
celui-ci autorise (voir (190) à 195), (197), (198), (200),
(202), (214)) semblent pouvoir se maintenir en P2:

a) P1a:

(381) Où - - c'est - - qu'il habite ? / Quand - - c'est
- - qu'il vient ? /
Qui - - c'est - - qui t'a écrit ? / Quoi - - c'est
- - qu'on me veut ? (Grevisse, § 390, b)
(382) Où = = c'est - - que c'est - - ∅ - - qu'il habite ?
etc.

P1b:

(383) C'est - - où - - qu'il habite ? / C'est - - quand
- - que tu pars ? / C'est - - quoi - - qui te
tracasse ? etc.
(384) C'est = = où - - que c'est - - ∅ - - qu'il habite ?
etc.

P1c:

(385) Où - - est-ce (que c'est) - - qu'il habite ? / Qui
- - est-ce (que c'est) - - qui l'a écrit ? /
Qu'est-ce (que c'est) - - que tu bois ? [22] etc.

b) P2-IIP1:

(386) C'est = = où c'est qu'il habite = = que je veux
savoir

---

(22) Variante populaire, avec réduction en "Qu'est-sse tu
bois ?" (Grevisse, § 390, b).

(387) C'est = = quand c'est (que c'est) qu'il revient = = qui importe

(388) ? C'est = = ∅ - où qu'il habite = = que j'ignore

(389) ? C'est = = ∅ - quand (que c'est) qu'il revient = = qui importe

(390) ? C'est = = ∅ - quoi qui te tracasse = = que je veux savoir

(391) C'est = = où est-ce que (= oùsque) (c'est que) tu habites = = que je veux savoir

(392) C'est = = qui est-ce (que c'est) qui t'a écrit = = que je veux savoir

3.5.6.5. Un énoncé comme "C'est ainsi qu'il l'a laissé" est doublement homophone, selon qu'il est in-formé par un schème corrélatif (E), une articulation de schèmes emboîtés sur le mot verbal "être" (F), ou le présentatif (P).

Le corrélatif E inclut dans ses frontières formelles les variabilités suivantes:

(393) La chambre - - ∅ est ∅ - - ainsi = = qu'il l'a laissée

Son exploitation rhétorique admet des identifications synonymiques telles que:

(394) C'est comme il l'a laissé / C'est tel qu'il l'a laissé

L'articulation emboîtée de deux schèmes autorise d'autres libertés taxinomiques, par ex.

(395) C'est ainsi qu'il l'a laissé--ainsi (pas d'évidement verbal contextuel)

(396) Ainsi c'est qu'il l'a laissé

Synonymie:

(397) Ainsi s'explique qu'il l'a laissé !

Même articulation emboîtante dans pas exemple:

(398) C'est alors qu'il est parti

(399) C'est donc qu'il a parlé

(400) C'est pour cela qu'il t'a remercié - - pour ce cadeau (synonyme: "Cela explique que...")

Le présentatif par contre se fonde sur un évidement contextuel en P-III:

(401) C'est - - pour cela - - qu'il t'a remercié - - Ø

(402) C'est - - ainsi - - qu'il l'a laissé - - Ø

(403) C'est - - "donc" - - qu'il a dit - - Ø

Ne pas confondre non plus:

(404) C'est - - pourquoi - - qu'il s'est tu ? / Pourquoi - - est-ce - - qu'il s'est tu ? (schème Présentatif !)

(405) C'est pourquoi il s'est tu (n'est pas le schème P !)

Ce dernier schème informe des énoncés tels que (voir Grevisse § 691, c):

(406) C'est = = à quoi = tu n'as pas pensé

(407) C'était = = de quoi = il se souvenait

3.5.6.6.

a) P-II autorise l'apposition (ou la coordination):

(408) C'est lui, Jean, qui l'a dit

(409) C'est à cela, à un échec, qu'il s'attendait

(410) C'est à un échec, à une catastrophe, qu'il s'attend

b) La coordination de deux schèmes présentatifs symétriques peut donner lieu à des ellipses:

(411) C'est de ce qu'elle était ridicule, c'est de cela qu'elle se rendait compte

(412) C'est un conseiller que je cherchais, un ami que j'ai trouvé

(413) C'est là que je travaille, ici que je me repose

(414) Pour le poète, c'est l'or et l'argent; mais pour le philosophe, ce sont le fer et le blé qui ont civilisé les hommes (Rousseau)

c) De manière générale, l'ellipse syntaxique peut porter sur du dire non matérialisé, mais signifié et conçu. Ainsi, dans l'exemple suivant:

(415) A qui l'a-t-il donné ? - A elle !,

le mot "à elle" est syntaxiquement in-formé par le verbe "donner": il y a permanence sémique. De même dans les exemples suivants:

(416) Que mange-t-il ? - - (Je crois - - ∅∅) Une pomme

(417) Qu'est-ce qu'il mange ? - (Je crois - - que) C'est - - une pomme !

Dans ce dernier énoncé, nous avons les constituants P-I et P-II du présentatif, car l'initiale de P-II (∅-une pomme) n'est aucunement déterminée par c'est, mais bien par les disponibilités polyrhémiques et syntaxiques du verbe ("manger") qu'on aurait en P-III si celui-ci était signifié par réitération au lieu de l'être par ellipse. Bien sûr, l'énoncé "C'est une pomme" est homophone, car susceptible d'être informé par ailleurs par le schème copule--attribut, par exemple:

(418) C'est quoi ? - - C'est - -une pomme !

De même les énoncés (419) et (420) (non-P) par opposition à (421), (422) et (423) (= P):

(419) Ce livre, je te le donne. C'est - - pour toi / Il est - - pour toi

(420) A qui est-ce ? - C'est - - à elle

(421) A qui est-ce qu'il s'adresse ? - C'est - - à toi - - ∅∅ (blocage sur "ce")

(422) Je me demande de qui ils parlent. Serait-ce - - de nous - - ∅ ?

(423) Je pense parfois à elle, parfois à lui. Maintenant, c'est - - à lui - - ∅ !

Dans les deux cas, on a une limitation des latitudes taxinomiques (blocage prépositionnel), marque syntaxique d'une permanence sémique sur une pluralité. Mais en (419) et (420), c'est la seule pluralité des deux mots audibles, _être_ et _toi_/_elle_, qui est concernée, alors qu'en (421) à (423) il y faut un troisième constituant (P-III), dont la présence formelle est dénotable tout aussi bien par réitération que par ellipse anaphorique du mot verbal contextuel (s'adresser, parler, penser).

d) Même P-I peut rester inaudible tout en imposant sa présence grammaticale et conceptuelle, par exemple:

(424) Toujours les petits - - qu'on punit

(425) Toujours il - - qui pleut (Prévert)

L'exemple de Prévert illustre par ailleurs la possibilité que fournit le langage de parler de lui-même: le pronom impersonnel "il" n'est grammaticalement que fragment, non-comptable, donc non susceptible d'apparaître en P-II (voir (328) à (331)). Néanmoins, rien ne m'empêche d'en parler tout de même, signifiant-désignant, en métalangage, n'importe quelle entité grammaticale. Mais (425) a ceci de particulier que cette référence métalangagière n'est pas elle-même signifiée, contrairement aux exemples suivants:

(426) C'est toujours - - de "il" - - que nous disons "pleut"

(427) C'est toujours - - il - - que nous disons pleuvoir

Par ailleurs, dans la langue populaire, l'ellipse de P-I semble courante lorsque P-II est un mot interrogatif (Grevisse, § 390, b):

(428) Où - - que tu habites ? / De quoi - - qu'on cause ?

(429) Pourquoi - - qu'elle n'écrit jamais ?

3.5.6.7. Rappelons que l'anaphore sémantique est affaire exclusive de rhétorique et de cohésion conceptuelle. Ainsi, si, dans l'énoncé suivant:

(430) Ce qu'il voit, c'est ce cheval qui galope,

le démonstratif du mot-copule ("c'est") doit reprendre anaphoriquement le mot verbal qui précède ("ce qu'il voit"), c'est que le démonstratif de la copule autorise cette reprise coréférentielle, ce qu'il ne peut que s'il est grammaticalement vierge de toute anaphore formelle. Dans ces conditions, (430) ne peut être informé que par le rapport B (articulation récursive sur une relative; voir 3.2.), ce que viennent confirmer les variabilités internes des constituants, par ex.

(431) Ce qu'il voit, c'est ce cheval dont la crinière est brune / ... vers lequel se dirige Jean ...

La syntaxe du présentatif se fonde sur une parfaite clôture anaphorique formelle du démonstratif "ce". Si dès lors "Ce qu'il voit" doit être intégré conceptuellement dans l'exploitation sémantique d'un présentatif, cela ne se pourra que s'il y a en P-II ou en P-III une possibilité de reprise sémantique, c'est-à-dire la présence d'un pronom grammatical sans incidence syntaxique, par ex.

(432) Ce qu'il voit, c'est - - _cela_ - - qu'il peint
(433) Ce qu'il voit, c'est - - ce cheval - - qui t'empêche de _le_ voir

3.5.6.8. Des énoncés "Est-ce que tu viens ?" et "Qui est-ce qui vient ? / Qu'est-ce que tu manges ?", Grevisse n'en voit que la partielle identité sonore ("est-ce que") et les potentialités synonymiques (tours interrogatifs). Cela l'empêche d'en voir l'absolue différence syntaxique (rapport D vs rapport P; voir 3.4.4.) et le conduit à en traiter, au nom de cette identité rhétorique d'usage, sous une seule et même rubrique ("L'introducteur "Est-ce que (ou...qui)"", voir Grevisse § 389: Interrogation globale et interrogation partielle). Au § 388, b, 2, Rem., Grevisse parle même de "est-ce que" (dans "qu'est-ce que vous mangerez ce soir ?") comme marque de l'interrogation (23). C'est ne pas voir la grammaire, dont la logique implicite impose tout autre chose: est-ce - - quoi - - que vous mangerez ce soir ? (rapport P). Par ailleurs, les exemples (118) à (120) (avec sujet para-taxique C-III, voir 3.3.) peuvent accueillir, sur la liberté initiale de la copule, une articulation récursive par le présentatif subordonnant. D'abord, ne pas confondre C et P:

(434) (= (118)) C'est - un mensonge / que cela (C)
(435) C'est = un mensonge = que cela est /...que c'est (P)

Ensuite, pour les interrogatives "partielles", élucider les différences structurales qui in-forment les synonymies conceptuelles:

(436) Qu'est-ce ? (mot verbal)
(437) Qu'est ∅ - - ∅ ce bruit ? / ∅ Ce bruit - - ∅ est ∅ - - quoi ? (Sujet--Copule)
(438) Qu'est-ce / ce bruit ? / Qu'est-ce / que ce bruit ? / C'est ∅ - - quoi / (que) ce bruit ? (Sujet para-taxique, C) (Grevisse § 388, b, 2, Rem.)
(439) Qu'est-ce - - que c'est / que ce bruit ? / C'est ∅ - - quoi - - que c'est - - ∅ / que ce bruit ? (P sur C) (Grevisse § 388, b, 2, Rem.)
(440) Qu'est-ce - - que c'est / que ça (P sur C) (Grevis-se, ibidem: keksekça ?)

---

(23) On trouve la même confusion chez J. Pinchon (1986), qui suggère par exemple que le tour "Qui est-ce que tu vois ?" permet, par rapport à "Est-ce que tu le vois ?", d'avoir "un schème interrogatif unique, quelle que soit la nature de l'interrogation totale ou partielle" (pp. 284-285).

BIBLIOGRAPHIE

S. ALLAIRE, "Le modèle syntaxique des systèmes corrélatifs. Etude en français moderne", Lille, 1982.

A. DUVAL-GOMBERT, "Quelles agraphies-alexies ? Des idées reçues aux faits conçus", In: "Tétralogiques 2", 1985 ("Pour une linguistique clinique"), pp. 115-152.

J. GAGNEPAIN, "Du vouloir dire. Traité d'épistémologie des sciences humaines". I: "Du signe. De l'outil". Paris-Oxford, 1982.

M. GREVISSE, "Le bon usage. Grammaire française". Douzième édition refondue par A. Goosse. Paris-Gembloux, 1986.

M. HERIAU, "Le verbe impersonnel en français moderne". Lille-Paris, 1980.

G. LE BIDOIS & R. LE BIDOIS, "Syntaxe du français moderne", Paris, 1968.

J. PINCHON, "Morphosyntaxe du français. Etude de cas", Paris, 1986.

Tétralogiques 1, 2 et 3. U.E.R. du langage, Rennes II, 1984, 1985 et 1986.

J.-Y. URIEN, "Le schème syntaxique et sa marque. Application au breton contemporain". Thèse pour le doctorat d'Etat. Rennes, 1982.

J.-Y. URIEN, "La trame d'une langue. Le Breton. Présentation d'une théorie de la syntaxe et application". Mouladurioù Hor Yezh, Lesneven, 1987. (avec une bonne (et longue) introduction à l'architecture des concepts glossologiques).

D. VELLY, "L'anaphore: relation syntaxique ?". In: Tétralogiques 1, 1984 ("Problèmes de glossologie"), pp. 129-158.

BCILL 40 : Anthropo-Logiques 1 (1988), 169 –202

UN PONT-AUX-ANES EGOLOGIQUE: LA RECONNAISSANCE DE L'IMAGE SPECULAIRE

Regnier PIRARD

1. Problématique

Jacques Lacan, comme chacun sait, a promu dans ses premiers écrits psychanalytiques un désormais célèbre "stade du miroir". C'est au Congrès de Marienbad, en 1936, qu'il dérouta pour la première fois la communauté freudienne avec cette notion inspirée des travaux de Henri Wallon. Elle initiait une enquête inachevée sur la texture imaginaire du moi, dont les linéaments apparaissent déjà dans la thèse de médecine La psychose paranoïaque pour s'étrangler quelque quarante ans plus tard dans les noeuds borroméens.

Il s'agissait assurément d'une tentative exemplaire en vue de soutenir en psychanalyse une perspective structurale, amorcée chez un Freud cependant prisonnier de l'évolutionnisme darwinien. La même ambiguïté devait peser longtemps, sinon jusqu'au bout, sur la relance lacanienne. En dépit de la rencontre avec le structuralisme, à travers - essentiellement - Jakobson et Lévi-Strauss, lecteurs de Saussure, les premières élaborations lacaniennes de l'imaginaire restent marquées par leurs origines dans la psychologie génétique et l'éthologie. Certes il y a là problème, croix plantée au coeur même de la psychanalyse: comment l'humain advient-il ? S'agit-il, comme on le laisse entendre parfois, de s'arracher aux mirages spéculaires pour conquérir la souveraine liberté du langage ? de passer d'une confuse immersion dans l'être naturel à un commerce médiat et culturel avec les êtres ? Cette téléologie donne de la psychanalyse une image d'Epinal. Raison supplémentaire, s'il en était besoin, pour interroger le statut de l'image et de l'imaginaire. Notre propos voudrait s'inscrire dans le cadre de cette question, sans l'examiner, bien sûr, dans toute son ampleur et sa complexité, mais de manière circonscrite, en prenant le même appui que Lacan, l'expérience du miroir.

Nous commencerons donc par considérer diverses études de psychologie dite expérimentale sur les réactions de l'enfant et de l'animal confrontés à l'image spéculaire. Si j'assortis le terme "expérimental" d'une sourdine sceptique, c'est afin de souligner qu'il ne suffit pas d'un arsenal de gadgets ni d'un renfort de métriques pour observer correctement les phénomènes et moins encore pour en inférer les processus sous-jacents. D'un côté, l'observation directe, in situ, de l'enfant face au miroir n'offre de soi aucune évidence, tandis que, de l'autre, la psychologie clinique construit un "stade du miroir", postule une structure d'altérité mimétique qu'elle n'observe jamais comme telle. En ce sens, nous avons affaire à un concept métaphorisé - ce qu'ils sont tous plus ou moins -, destiné à "faire voir" ou à suggérer une dimension permanente du rapport à l'autre, en tant qu'il n'est pas véritablement un autrui. Ainsi envisagerons-nous, en un second temps, la théorie lacanienne du stade du miroir. Elle nous conduira de certains phénomènes psychopathologiques (en particulier schizophréniques et paranoïaques) vers des formes de valorisation artistique (la littérature fantastique du XIXème siècle joue abondamment des charmes de l'image et des phénomènes optiques).

Nous tâcherons de frayer notre chemin dans cette forêt trop dense et semée d'embûches en utilisant la machette de la théorie de la médiation. Nous n'éviterons sans doute pas les dégâts, ni aux lianes ni à la lame. Mais c'est le prix à payer pour une exploration aventurière.

II. L'enfant et (son) image spéculaire

Tous les travaux de psychologie génétique qui ont abordé

cette question l'ont formulée - c'est inévitable - en termes de stades, d'émergences. On en trouvera un échantillon représentatif dans le recueil La reconnaissance de son image chez l'enfant et l'animal (Delachaux et Niestlé, 1981). Certains (Bertenthal et Fischer) y font preuve - à nos yeux - d'une incroyable naïveté et pataugent dans les pétitions de principes. D'autres (Zazzo, Gallup) témoignent d'un empirisme de bon aloi, ouvert à l'inattendu. D'autres encore ne traitent le problème que latéralement, comme Wallon qui fait de l'image spéculaire une contre-épreuve de la reconnaissance d'un corps propre en voie d'unification, ou comme Lewis et Brooks-Gunn qui situent l'image spéculaire dans le cadre plus général de la reproduction imagée (outre le miroir, photographie et vidéo), dont il ne faudrait pas exclure le portrait et la caricature - mais comme ceux-ci requièrent une habileté technique particulière, on comprend sans peine qu'aux fins d'expérimentation le soin de la technique soit confié à la sûreté de la machine qui restreint au maximum les initiatives du metteur en scène. Soit ce qu'on pourrait appeler: l'oeil bête de la caméra qui "voit" tout (ou presque) mais ne saisit rien. Toutes ces études sont récentes (elles datent des années 80, sauf le texte presque canonique - 1931 - de Wallon, digne morceau d'anthologie) et reposent sur les recherches antérieures d'Amsterdam, Dixon et autres, sans oublier les observations plus anciennes et occasionnelles d'un Darwin, Baldwin ou encore Preyer.

Considérons d'abord ce qu'à notre avis on ne peut dire impunément. Je cite Bertenthal et Fischer: "S'il est un événement dans le développement de l'enfant qui a une signification essentielle, c'est bien l'apparition de la notion de soi. Toutefois, les recherches sur l'émergence de la notion de soi ont été dispersées et ce, probablement à cause de la difficulté à spécifier les conduites qui manifestent les premières formes du développement de soi. Les quelques études qui existent se sont habituellement centrées sur une situation particulière: la réaction d'un enfant à sa propre image dans un miroir. Cette situation semble idéale pour fixer au moins un aspect du développement de la notion de soi, plus précisément de la reconnaissance de soi" (O.c. 156).

Voici déjà quelques présupposés. Passons sur l'ambiguïté qui laisserait entendre que le soi consisterait en une notion, c'est-à-dire un concept, compris comme tel par l'enfant dans une illumination plus ou moins soudaine ayant les caractères de l'événement. Le soi, nous dit-on par ailleurs, se développerait et il serait possible d'en vérifier la croissance. Les réactions au reflet du corps dans un miroir attesteraient par leur modification une part au moins du développement du soi, celle qui s'exhibe précisément dans une reconnaissance. B. et F. ne souscrivent pas simplement à ces présupposés mais, à défaut de les cribler, ils les renforcent, croyant les déjouer. Après tout, pourquoi le soi serait-il en son essence - si j'ose dire - une notion (fût-elle reçue) plutôt qu'un "être vécu", un _Erlebnis_ ? Qu'il se réfracte conceptuellement, sans doute mais ce ne saurait être indépendamment de l'intervention langagière (c'est-à-dire de l'incidence du plan glossologique (I) sur celui de l'être personnel (III)). Si les _prolégomènes_ du soi sont à chercher du côté de l'_Erlebnis_, c'est-à-dire des ajustements sensori-moteurs du schéma corporel, les informations visuelles jouent certainement un rôle d'affinement, qui ne précipite toutefois que dans la certitude _conceptuelle_ d'une adéquation référentielle visée. Celle-ci peut être et restera longtemps bancale puisqu'elle est d'abord d'_emprunt_. La certitude de savoir que moi = moi ne garantit rien encore sur ce qu'il en est de ce moi, qui commence par être ce qu'en dit l'Autre non reconnu mais subi, obéi, incontesté dans l'évidence qu'il impose.

Ainsi pourrait-on mieux rendre compte de quelques paradoxes. Dans le courant de la troisième année, l'enfant, qui quelques mois auparavant contournait le miroir pour y rejoindre son reflet, cesse de le faire. Doit-on considérer, avec Zazzo, qu'il se l'est enfin approprié ? On serait tenté de le penser puisqu'à cet âge s'installe nettement dans ses messages l'emploi du Je. Gardons-nous de conclure précipitamment. Ne l'avons-nous pas convaincu que la situation à laquelle _nous_ l'avons soumis correspond à la cénesthésie qu'_il_ éprouve ? Mais pour peu que nous modifiions le cadre, le voilà qui chancèle, sans pour autant, bien entendu, remettre en cause les caractéristiques formelles des référenciations glossologiques. "Je" est bien le désignateur de celui qui parle mais il n'a pas l'être qu'on lui prête. Aussi, lorsque nous soumettons l'enfant de cinq ans à son image télévisuelle désynchronisée, avons-nous beau jeu de l'induire en erreur. C'est précisément la maîtrise formelle de la situation qui le pousse au doute et à la négation. L'enfant déduit rationnellement que, puisque l'image ne gesticule pas comme lui, ce n'est pas lui. Il n'a certes pas perdu l'usage de la désignation, mais il ne se "sent" pas dans l'image, précisément parce qu'il s'y conçoit, selon les paramètres mimétiques proprement spéculaires (synchrones). L'inversion de l'image n'est pas d'abord un problème puisque, émanation de l'autre, elle vient à l'enfant comme vient l'autre à sa rencontre, dans le face à face. En d'autres termes, l'enfant qui a apprivoisé la synchronie de l'image spéculaire - ce qui ne va pas de soi - l'investit pour sa docilité et l'assurance qu'elle lui donne que le semblable obéit, sinon au doigt, du moins à l'oeil. Ce n'est qu'en neutralisant la synchronie par l'artifice du décalage télévisuel qu'il est possible de faire clairement apparaître le problème de l'inversion, ou plus exactement: l'inversion comme problème. Une nouvelle opération négativante est alors imposée à l'enfant pour pouvoir investir une image doublement autre. Au fond, la synchronie spéculaire introduit un leurre salutaire en occultant l'inversion. Il y a là une première négativité car si le partenaire naturel est inverse et non-synchrone, l'image spéculaire est synchrone et apparemment non-inverse. La confrontation à l'image télévisuelle décalée restitue une situation "pseudo-naturelle" sur le mode de l'image. Je (me) vois comme un autre. Seule une analyse plus exigeante, plus poussée permettra donc de "coller" le vécu cénesthésique - indubitable (c'est peut-être ce qu'on appelle l'affect) - à l'insistance de l'image. Il s'agit très exactement, ni plus ni moins, d'une adéquation performantielle nouvellement instaurée.

Un autre paradoxe se dissipe dans le même sens. Alors que l'enfant ne contourne plus le miroir - à défaut sans doute de pouvoir le traverser comme Alice - en quête de son propre reflet (et à trente mois plus aucun enfant n'accomplit ce

geste), il le fait encore pour atteindre l'image de la mère
ou d'un familier (à cinq ans, 20 % des enfants maintiennent
ce comportement). Or ce n'est pas incapacité de rapporter
l'image (technicisation de la représentation naturelle) à son
référent (ce dont l'image a pour fin de montrer l'aspect).
C'est plutôt de ce que le schème imageant (1) passe inaperçu
de l'enfant qui n'est pas le technicien du miroir et à peine
son utilisateur. Le miroir ne lui "résiste" pas. Il se contente de voir et s'en trouve heureux, en effet, avant que la
frustration répétée ne finisse par l'interloquer, l'image ne
répondant pas aux attentes, manquant en quelque sorte d'attention. Par contre, les mouvements de son corps, dont il a
l'initiative, tiennent lieu de schème. Il fabrique l'image,
en joue, par ses gestes, poses, mimiques, rompant et instaurant ainsi l'adéquation performantielle que toute autre figure hors espace corporel tend à précipiter et figer (il
vaudrait mieux dire: hors ancrage corporel, car l'espace suppose une délimitation qui n'est pas, en l'occurrence, assurée). Pour la même raison le retournement vers une stimulation lumineuse est nettement plus tardif, de trois à six
mois, que l'épreuve de la tache (voir _infra_). Du reste, le
retournement vers la mère n'est pas plus précoce que celui
vers un clignotant.

Comment interpréter l'épreuve de la tache ? La plupart
des chercheurs ont voulu y trouver le signe incontestable de
la reconnaissance de soi. On imprime sur le visage de l'enfant, à son insu, une tache colorée. S'il la remarque dans le
miroir et cherche à l'effacer de son corps, il se reconnaî-
trait dans l'image spéculaire. "Dans les premiers mois de la
troisième année, observe Zazzo, c'est la réussite chez la
plupart des enfants à l'épreuve de la tache. Et quelques-uns
bientôt prononceront leur nom en se voyant dans le miroir. On
peut alors conclure, sans hésiter, que l'enfant s'est enfin
identifié avec l'image spéculaire" (_O.c._ 91). Même son de
cloche chez Lewis et Brooks-Gunn: "La meilleure façon de rendre compte des comportements dirigés vers la marque est de
dire que les bébés ont découvert la marque en s'observant
dans le miroir", ce qui est évident mais relève du parfait
truisme et ne permet aucunement de conclure: "Ces comporte-

ments sont clairement la mesure la plus pertinente de reconnaissance de soi disponible dans les études utilisant le miroir" (O.c. 126). Conclusion intempestive pour deux raisons
au moins. D'une part, parce que le chimpanzé en fait autant,
comme l'ont noté Gallup, Anderson et d'autres à leur suite -
est-ce une raison pour lui attribuer une "reconnaissance de
soi" ? D'autre part, parce que ce prétendu soi est fort mis à
mal - comme nous l'avons indiqué et l'indiquerons encore -
par d'autres présentations de l'image. Au fond, c'est l'idée
d'un soi substantiel qu'il faut bousculer. Cette rigidité est
proprement fantasmatique. Le soi n'est que le réinvestissement performantiel d'un découpage de l'espace (et du temps),
en fonction de codifications psychosociales dont la stabili-
sation est très tardive et garde toujours les caractères de
l'arbitrarité et de la convention. Le soi ne va pas de soi...
comme en témoignent psychoses et perversions.

Attardons-nous un moment sur les performances de l'animal. Je me réfère aux expériences de Gallup et Anderson,
principalement, sur différentes espèces de singes. Les recherches menées jusqu'à présent ont montré que la faculté de
"self-recognition" telle qu'elle peut être mise en évidence
par le miroir - qui, certes, ne la produit pas mais la "force" (et, en ce sens, l'épreuve du miroir s'apparente, à notre
avis, au niveau du plan III aux GEI-pièges du plan I, ou plus
fondamentalement à des pièges qui consisteraient à tester la
symbolicité) - n'existe que chez l'homme, le chimpanzé et
l'orang-outan. Les autres espèces de primates en sont toutes
incapables, c'est-à-dire qu'elles "échouent" à l'épreuve de
la tâche. Cette carence ne les empêche pas d'explorer l'espace grâce au miroir, de s'en détourner pour atteindre un
objet qui s'y reflète, voire même de scruter des parties normalement invisibles de leur corps. Mais surtout il est intéressant de constater des réactions qui ressemblent à des interactions sociales. L'animal commence par prendre son image
pour un congénère et la sollicite en ce sens. Ce comportement
ne s'éteint qu'au bout d'un certain temps, plus ou moins long
selon les espèces (de quelques jours à quelques mois), et
parfois pas du tout. Si le macaque rhésus, par exemple,

alterne les attaques et les présentations avant de sombrer dans un désespoir prostré, le poisson combattant du Siam cherchera jusqu'à épuisement à chasser l'intrus de son territoire et la pigeonne ovulera, paraît-il, "consciencieusement". (Si cette observation, relatée par Lacan sans citer ses sources, est tout à fait fiable, cela signifierait que le processus physiologique répond dans ce cas non pas à la discrimination de caractères sexuels différentiels mais à un simple effet de "compagnie"). Notons que l'on trouve chez l'enfant, aux alentours des dix-huit mois, des attitudes d'étonnement, de crainte, d'évitement du regard face à son image analogues au désarroi qui frappe l'animal, notamment le chien. On assiste incontestablement, chez l'enfant, à une séquence, à une genèse de comportements bien typés et datés: jeux de bouche, de mains, tapotements, risettes, étonnements, avant d'atteindre et de réussir l'épreuve de la tache, qui ne mérite peut-être pas le privilège qu'on lui accorde.

En effet, si la proximité biologique (formule chromosomique, arborisation neuronale, etc.) du chimpanzé et de l'orang-outan avec l'homme invite à ne pas outrageusement s'étonner de capacités naturelles comparables, en particulier mnésiques - car il ne faut pas sous-estimer l'immaturité neuro-biologique du jeune enfant -, nous ne sommes pas autorisés pour autant à accorder à nos frères simiens une "selfity" quelconque, que nous n'aurions d'abord, subrepticement et par pétition de principe, attribuée à l'enfant. Or précisément, là est toute la question. Si l'on prend au sérieux la théorie de la médiation et la distinction des quatre plans, si l'on admet - au moins par provision - le "retard" important du plan III par rapport aux autres dans l'espèce humaine, il faut alors accorder qu'il n'y a pas plus de soi chez le jeune enfant que chez l'animal et que leurs performances sur le plan sociologique ne diffèrent en rien, si ce n'est - la restriction est certes d'importance - que le bébé humain se trouve enté sur une culture qui le porte (mais l'animal domestiqué l'est aussi) et surtout dispose dès deux ans de capacités d'analyse glossologique, technologique et axiologique proprement culturelles dont l'animal est à jamais incapable. La "conscience de soi" que force le miroir est dès lors pour

l'animal l'effet d'une associativité des représentations,
d'une conjonction instrumentale, d'une retenue comportementale
et surtout d'une mémoire somatique (somasie) combinées.
Chez l'enfant cette "conscience" se double vers deux ans
d'une analyse des représentations (désignations langagières),
d'une technicisation de l'image, d'une contention éthique, en
dépit d'une stagnation ontologique et déontologique totale
mais vicariée. Il faut donc oser le dire: un infans (iners,
ignobilis et invitus, le principe de rationalité n'étant
acquis sur aucun plan) ne diffère de l'animal que d'un écart
spécifique. Son humanité est en puissance, dans les potentialités non encore déployées que contraint son immaturation
biologique et surtout dans le bain de culture qui leur permettra de s'épanouir (2).

On devine, par conséquent, que la clé du problème réside
dans le retrait de l'instance égologique. Car il s'agit bien,
dans l'image, d'une sollicitation sociale, comme le prouvent,
en valeur de contre-épreuve, diverses manipulations de l'en-
vironnement chez l'animal dont nous dirons maintenant
quelques mots.

Tous les animaux sensibles au miroir (il est difficile de
préciser sur l'échelle du vivant ceux qui ne le sont d'aucune
manière) commencent par manifester des signes de reconnaissance "sociale" à l'égard de leur image. Ils la voient comme
la présentation d'un congénère. La plupart apparaissent incapables de reconnaître le dualisme implicite à la stimulation
spéculaire et, même après une exposition prolongée, ne fournissent aucun signe apparent qui permette de soupçonner la
découverte d'une relation entre leur attitude et son reflet.
Cependant on peut les dresser en utilisant le miroir en guise
de renforcement. Les perroquets, par ex., semblent même pré-
férer leur image à la vue de leurs congénères. L'image exerce
donc un pouvoir attractif, de fascination.

Il n'y a pas de doute que les humains apprennent à se
reconnaître dans le miroir (sur une photographie, dans les
propos etc.). La présence d'autrui les y aide fortement. Elle
est même probablement nécessaire. C'est en tout cas ce que

suggère déjà Gallup à propos des chimpanzés: élévés en dehors de toute interaction sociale, ils s'avèrent incapables de reconnaissance dans le miroir. Mais cette interaction ne suppose pas nécessairement une affiliation spécifique. Par ex., la majorité des chimpanzés élevés exclusivement en milieu humain montrent des signes évidents de reconnaissance dans le miroir, accompagnés en outre d'un évitement actif voire d'un dédain pour les membres de leur espèce. (Je crois qu'il faut voir dans ce "détournement" du milieu naturel un cas d'imprégnation leurrante du même type que celles décrites par Lorenz pour d'autres espèces). L'artefact du miroir joue donc comme un révélateur, et jusqu'à un certain point comme un leurre - voire un leurre redoublé - de sociabilité. Les atermoiements devant l'image, a fortiori la conduite de la tache, supposent en outre une accumulation mnésique. Si le chimpanzé, encore lui, n'a jamais eu l'occasion de rencontrer le miroir avant l'épreuve de la tache, il ne décèlera rien d'anormal dans son image après que son visage eût été marqué sous anesthésie.

En résumé, on pourrait dire que l'infans s'apparente, par ses performances, aux grands singes les plus "évolués" (chimpanzé, orang-outan). (La comparaison n'a toutefois qu'un sens relatif. Ils ne sont comparables que dans la mesure où nous dénaturons l'un en le domestiquant et augmentons pour l'un et l'autre par des artefacts la pression culturelle, instaurant une sorte de surpression. Hors de cette rencontre forcée, il est évident que les "capacités" du singe en leur ordre sont adéquates à son être spécifique, tandis que celles de l'enfant ne nous paraissent déficitaires qu'eu égard à l'immaturation physiologique qui l'éloigne de l'adulte. L'enfant ne souffre particulièrement ni de son verbe, ni de son geste, ni de son être ni de son vouloir qui sont pour lui, ni plus ni moins que pour l'adulte, conformes à ce qu'il intente. C'est la greffe ontocentrique en provenance de l'adulte, l'impératif catégorique du grandir qui creuse et mesure à la fois l'inaptitude enfantine). Puis, assez brusquement, au seuil de la troisième année, l'enfant décolle. Tandis que l'animal précocement mature (on pourrait, bien évidemment, détailler la genèse chez l'animal aussi) plafonne et ne peut plus qu'accumuler de l'expérience, l'enfant humain, profondément néoténique, se disloque dans la croissance. Il accède à une analyse de la représentation (signe), de l'instrumentation (outil) et de la valeur (norme) qui ouvre une brèche infinie, plutôt qu'une distanciation indéfinie, dans l'immédiateté de son être-au-monde. Paradoxalement, il n'est plus au monde. Il y fait retour d'un ailleurs surmonté et c'est cela sa naissance. Inachevée et sans doute inachevable, pour une double raison. D'abord parce que se réserve ce qui se révélera comme la scansion pubertaire et adolescentaire, cet étrange retard, ce bégaiement de l'existence qui veut que l'histoire ne se trace que d'un différement d'origine (pour parler comme Derrida), l'événement supposant le délai d'un avènement, la pointe de l'instant fracturée dans le temps, qui n'est pas la durée. Bref, l'enfant n'a pas de soi. Non que celui-ci consiste en un quelconque contenu, mais c'est en tant que principe d'analyse de l'être spécifique dans la temporalité de sa croissance que le soi fait défaut. Encore n'en suis-je pas sûr aussi sèchement. Si j'ai bien compris les thèses de J. Gagnepain, le principe égologique (personnologique) est radicalement intemporel et inné, comme le sont tous les principes instanciels (qui instaurent signe, outil et norme). L'enfant ne peut assumer aucun de ces principes avant d'être personnellement mature mais il peut les exercer, du moins certains d'entre eux: ceux qui correspondent aux plans I, II et IV. Peut-il exercer ce principe qui consiste précisément dans la faculté d'assumer ? Ou d'autres assument-ils pour lui ce que déjà il exerce ? Comme tous les principes d'acculturation l'ego est trans-individuel et même trans-culturel. Mais ici il s'agit justement de fonder les différences socio-politiques, sans les présupposer. Le support de cette fondation n'a pas son siège dans l'enfant. Celui-ci peut-il en participer et comment ? Si l'enfant est une dimension de la personne, pourquoi celle-ci ne s'analyserait-elle pas "enfantinement" ? J'inclinerais à penser que l'enfant s'analyse comme socius et parens mais n'a à se mettre sous la dent qu'un être imaginaire, anticipé, joué dont le corps ne peut pas porter la citoyenneté de l'adulte. Je voudrais comprendre de cette manière l'étonnante Nachträglichkeit de Freud (dont on sait qu'il commença par l'articuler sur le pivot de la puberté avant de l'antidater (?) dans la "sexualité" infantile) ou encore l'admirable futur antérieur de Lacan. La clinique ici nous impose certains tableaux d'enfants trop tôt mûris, qui deviennent quelquefois des schizophrènes.

Le seconde raison pour laquelle l'enfant n'est plus au monde ne tient pas à la particularité du plan III mais plus fondamentalement à l'exil ou au débarquement (selon l'expression pascalienne de Gagnepain) qui instaure le rapport tensionnel, dialectique et contradictoire à toute chose, y compris l'homme lui-même. Comme disait Malebranche, dans une sentence volontiers citée par mon maître De Waelhens: les choses ne nous peuvent toucher qu'avec respect. Pas de substance humaine mais une manifestation humaine d'un "réel" sans "essence" et qui ne nous parvient que in enigmate.

Les considérations précédentes donnent à penser que la "reconnaissance de soi" ne relève que partiellement d'une performance cognitive qui, même médiocre, peut suffire. L'instrumentation du miroir n'est guère davantage en cause, puisque plus d'un singe peut y faire le malin et chercher des poux dans son dos. Il s'agit principalement, me semble-t-il, de la faculté de jouer du rapport au congénère pour en faire ce qu'on appelle communément un "alter ego", un "autre avec et comme moi". Peut-être est-ce ainsi qu'on pourrait décrire la confrontation de l'image perçue avec la représentation emmagasinée et la cénesthésie éprouvée, dont témoignent le chimpanzé, l'orang-outan et l'infans soumis à l'épreuve de la tache. J'y verrais volontiers comme une pré- ou pseudo-structure, une boucle courte indéfiniment réitérable. Car on ne semble pas s'être demandé pourquoi le singe ne cesse pas de répéter ce geste à chaque fois qu'il est opposé à sa trogne marquée, ni pourquoi l'enfant bientôt quittera le sillon.

Quitter le sillon, c'est littéralement dé-lirer. L'enfant se détournerait du miroir parce qu'il "délire". Il a "compris" le "système", l'abstraction inhérente à l'investissement spéculaire. Dans le miroir, rien que du leurre. Reste à savoir si quelquefois, et dans quelles circonstances, le leurre est intéressant. Mais il s'agit alors d'une valorisation de l'image pour le plaisir ou le bénéfice qui s'en obtient. C'est un problème axiologique.

Tout autre est la question de savoir pourquoi le miroir
intrigue tant le schizophrène. Délirerait-il moins que l'enfant ? En un sens oui et c'est ce qu'on n'a pas compris. Les
curieuses façons du schizophrène au miroir, incapable apparemment de se reconnaître, parlant et grimaçant à ce person-
nage de lumière, l'entretenant et le considérant longuement,
ont étonné plusieurs observateurs. Ils y ont vu le plus souvent une sorte de débilité mentale, un déficit intellectuel.
Le fait que les enfants dits autistes parviennent pratiquement tous à se reconnaître sans toutes ces simagrées aurait
dû pourtant les prévenir de conclure dans la précipitation.
Si l'on a de bonnes raisons de penser que l'autisme est une
"forclusion" qui barre l'accès à la dialectique de la personne, on en a autant d'envisager la schizophrénie comme une
fracture de cette dialectique. Ne serait-ce que parce que
tous les schizophrènes - loin s'en faut - n'ont pas tous été
des enfants psychotiques ou autistiques.

Pour le schizophrène, l'image spéculaire n'a plus rien
d'évident. Il la scrute, la décomplète, l'analyse vainement.
Il reste en quelque sorte fixé sur cette forme matérielle de
l'aliénation, qu'il s'avère incapable d'avaliser. Il ne peut
que la contester, à l'inverse du paranoïaque qui, dans son
trouble fusionnel, y croit à travers tout. Pour le schizophrène l'image, dont il n'ignore pas qu'il la pose, a pourtant l'air de surgir à partir d'elle-même - et c'est son
angoisse - dotée d'une vie propre, assemblée arbitrairement.
Coupé du réinvestissement des paramètres performantiels où
normalement s'inscrit l'ego y faisant advenir les personnes
en même temps que de la personne, le schizophrène est envahi
par l'image qui lui saute à la figure comme une énigme bur-
lesque, un masque de carnaval (Ensor). L'art et la littérature sont pleins de ces formes hirsutes, angoissantes, dévi-
talisées mais terriblement réelles, hallucinées. Le schizo ne
cesse d'étranger un corps illimité, perdu, qu'il échoue à
faire sien. Nous trouvons là, en quelque sorte, une forme de
polarisation extrême de la dialectique de la personne, qui

isole - du reste incomplètement - le pôle instantiel de l'aliénation, c'est-à-dire du rapport à autrui. Mais pourquoi les hallucinations agressent-elles le schizophrène ? Ce qui est aboli au-dedans, disait Freud, revient du dehors (ou Lacan, dans son idiome: ce qui est retranché du symbolique fait retour dans le réel). A strictement parler, cette formule caractérise par excellence l'opération de la paranoïa, une créance sans dette, un retour de missive sans émissaire. Ce qui veut dire que la psychose paranoïaque est, dans sa pureté, une psychose "blanche", sans hallucination parce que tout est halluciné. Et inversement la schizophrénie une arbitrarité sans retour, une dette sans créancier. Le schizo est agressé par ses hallucinations dans la mesure où il ne peut apprivoiser les variations imaginaires de ses projections. Que la dialectique puisse basculer d'un pôle à l'autre, sans plus pouvoir les articuler, ce n'est pas exclu. Quand Schreber est en proie à ses hallucinations, il se schizophrénise. Quand il les raconte pour obtenir sa décollocation, il est paranoïaque. Ou, plus exactement, il redouble la paranoïa inhérente déjà à son mode de délire. Car il est impossible de savoir chez lui qui parle. Il est parlé. On parle. Grundsprache. Le délire d'un Wolfson, l'étudiant en langues schizophrénique, est d'une autre facture, somme toute fort peu délirant au sens habituel du terme, et sans hallucination manifeste (ce qui semble bien indiquer que l'hallucination ne peut être considérée comme un signe pathognomonique, sinon partiel, de la texture de la psychose). Wolfson tente, à tout prix, d'étranger la langue maternelle - cette langue pour ainsi dire naturelle qui le pénètre et l'envahit - en la dérivant follement dans toutes les langues du monde. Il ne peut pas s'arrêter de créer de la langue (ou plutôt de l'idiolecte). Tandis que le paranoïaque reçoit des messages, entend des voix, est - comme dit Gagnepain - écholalique, le schizo engendre des langues.

(Il faudrait raffiner et exploiter le modèle, mais cela dépasserait largement notre propos. Au risque d'une certaine abscondité, précisons tout de même ce qui suit. La schizophrénie est une pathologie du réinvestissement de l'analyse égologique (ou personnologique) dans les paramètres de la communication, ceux-ci n'advenant précisément que _par_ le réinvestissement même. Je, tu, il, on ne sont pas discernés et articulés. Encore faut-il préciser que cette incapacité d'investir dans de la convention n'est que partielle. Il s'agit d'un déficit génératif (par opposition à taxinomique). Les différences (principe d'identité) sont perçues et réinvesties, tandis que le principe d'unité qui assemble ces différences est perçu sans être réinvesti. Il ne peut s'ensuivre qu'une distorsion "rhétorique" qui signe l'arbitraire des modes d'être du schizophrène dans un effet de juxtapositions déroutantes. D'où l'impression d'incohérence et d'inconséquence, autant que de singularité, qui émane de sa personne tronquée. Une étude sérieuse des particularités du fonctionnement schizophrénique reste largement à faire, de différents points de vue, et ceci en dépit d'excellents travaux - à reprendre dans notre perspective - sur le parler des schizophrènes (par ex. Roch Lecourt) ou leur art (par ex. Anzieu à propos du peintre Bacon). Disons intuitivement que ce que le schizophrène ne peut absolument pas "reconnaître" c'est de la famille (quels qu'en soient le registre et la forme). Il est incapable de grouper autrement que dans l'accollement. Voilà, je crois, quelques pistes de réflexion qui devraient permettre de mieux comprendre aussi bien les "transactions" insolites de son Mit-sein que les caractéristiques de son art. Ainsi Wolfson-le-"linguiste" ajointe - t - il et dérive-t-il les langues inconsidérément. Et, puisqu'il accède au principe d'une paternité (ou d'un altruisme) que cependant il ne réinvestit que partiellement et partialement, il s'institue Le Prof de tous les autres, ramenés au même patron stéréotypé. Le paranoïaque, de son côté, ne distingue pas mieux les particularités d'autrui. Son trouble n'étant pas de réinvestissement mais de structure (sur l'axe génératif également), il est - en un sens - plus "profond" et se donne comme l'analogue personnologique d'une aphasie de Broca. Projeté dans un investissement sans analyse, le paranoïaque fonce - si j'ose dire - dans la relation. Ce n'est plus le prof mais le Missionnaire ou le Pédago).

Mais reprenons de plus près le fil de notre propos. Qu'en est-il de l'un et de l'autre, du schizophrène et du paranoïaque, par rapport au miroir ? Si on soumet un schizophrène à une image déformée (miroir concave ou convexe), il ne peut la rectifier, quand tout simplement il ne la fuit pas. L'image induite presse d'une manière insupportable. Il ne peut pas focaliser (le miroir est doté d'un gadget permettant de faire varier l'image), non par déficit perceptif (un objet est mieux accommodé que le corps) mais par errance égologique. La conduite du paranoïaque devant le miroir diffère, par contre, significativement. On a beaucoup parlé à son sujet du "stade du miroir", comme s'il s'y accrochait avec ardeur. Le schizo, dit-on, "régresse" en deçà du miroir qui fait arrêt pour le parano (cfr De Waelhens, La psychose). En réalité, il faut se garder d'être dupe de la sur-valorisation (énamorée) de l'image. On la trouve aussi bien chez les pervers que chez les psychotiques, en général, et tout autant dans les mises en scène névrotiques. Il convient plutôt de noter, pour notre propos, la fiabilité du miroir, son opérationalité, sa transparence dans le cas de la paranoïa. Schreber ne doute pas un seul instant que le miroir ne puisse attester aux yeux du monde l'effectivité de sa transformation en femme. Circulant dans les paramètres de la communication "sauvagement", le reflet du miroir - inquestionné - constitue la preuve tangible que tout est clair. Le délire d'interprétation annexe les phénomènes optiques, les contraignant à parler d'eux-mêmes, dans la Selbstverständlichkeit. (C'est, bien entendu, le "normal" qui établit l'écart à la norme. En réalité, il n'y a pas de norme, mais seulement du conflit et de la contestation dans une dialectique ethno-politique à laquelle le malade est partiellement soustrait et qu'il compense pathologiquement. La psychose est donc un accès tronqué à l'histoire et à ses principes de constitution. Nous ne pouvons développer davantage ici mais la remarque devrait conduire à reformuler les rapports entre le psychologique et le social. Les théories systémiques, à leur façon, ont très bien senti le problème).

III. Le stade du miroir

Nous proposions au début de cet article de revenir sur le stade du miroir lacanien. A relire les trois textes principaux qui en traitent - *Les complexes familiaux* (1938), *L'agressivité en psychanalyse* (1948), *Le stade du miroir* (1949) - nous ne pouvons qu'avouer notre perplexité.

Nous avons procédé dans les pages précédentes à une lecture critique de travaux expérimentaux en ne nous référant que trop implicitement à la systématique du modèle de la médiation de Jean Gagnepain, supposant donc au lecteur une certaine familiarité avec lui. Il ne nous est pas possible - dans les limites de cette étude - de déployer le modèle et d'initier le lecteur non averti. Ce sera pour une autre occasion. Pour l'heure, nous l'invitons à chercher dans la "table ronde" qui inaugure ce volume ainsi que dans *Tétralogiques II* et *IV* les éléments qui lui permettront de "deviner" le point de vue adopté. Il n'aura pas trop de peine à repérer le parti pris résolument structural et analytique qui gouverne la démarche ainsi que son "culturalisme" radical. L'expérience du vivant animal se déroule sur quatre registres indépendants qui s'acculturent dans l'espèce humaine pour constituer du signe, de l'outil, de la personne et de la norme. Chacun de ces plans est intrinsèquement homogène et hétérogène aux autres, même si, dans le concret de l'existence *une*, de multiples interférences sont possibles et se vérifient de fait. La rationalité autonome de chaque plan apparaît dans les clivages révélés par la clinique. Ainsi, par exemple, l'aphasique qui ne peut plus accéder que partiellement au concept (plan I) ne cesse cependant pas de communiquer (plan III). Chaque plan s'élabore dans une dialectique complexe d'instance et de performance, c'est-à-dire d'une négativité absolue qui, rompant avec les gestaltisations naturelles (qu'elles soient de l'ordre de la symbolicité, de l'instrumentation, de l'incorporation ou du désir) est dialectiquement contredite par un réinvestissement des structures formelles proprement abstraites et soumises à la seule clôture de leur systématicité sans égard pour quelque pseudo-réel préalable, réinvestissement contraint par les paramètres de l'à-dire, à-faire, à-être et à-vouloir. En outre, chaque plan se dédouble sur deux faces dialectiquement solidaires quoique formellement indépendantes (signifiant/ signifié, fabriquant/fabriqué, instituant/institué, réglementant/réglementé). Chacune de ces faces s'articule elle-même selon deux axes, mutuellement projetés, dont l'un analyse les identités (différences) tandis que l'autre assemble les unités. On devine la "profondeur" dialectique du système, déjà bien éprouvé sur le plan I - ce qui autorise sa transposition analogique, au moins à titre d'hypothèse heuristique, sur les autres plans -. Ainsi, sur le plan III, s'agira-t-il d'acculturer l'appartenance à l'espèce par une analyse ethnique réinvestie dans la convention politique. La dialectique ethnico-politique humanise et la sexualité (appariement, nexus) et la génitalité (transmission, munus). Les pathologies propres à la sexualisation culturelle ressortissent aux perversions, tandis que les pathologies de la génération relèvent des psychoses. Les premières sont confrontées à la difficulté d'instaurer de l'autre, les secondes de l'autrui.

Cette évocation trop succincte suffit à "cadrer" la problématique de l'image spéculaire. Celle-ci doit être rapportée à la question de l'autre et n'apparaît dans le registre de l'autrui que par compensation ou vicariance. Lorsque ne s'instaure pas la dimension "altruiste" de la personne dans la responsabilité (parentalité/filialité), autrui se rabat sur l'altérité spéculaire. Voilà pourquoi la sensibilité exacerbée des psychotiques (en particulier les schizophrènes) au miroir a pu se présenter comme pathognomonique. Pourquoi le stade du miroir, en tant que structure d'idéalisation et d'identification mimétiques, a pu être considéré par Lacan comme la matrice de la position paranoïaque. En réalité, le redoublement spéculaire concerne primordialement l'énigme de l'accouplement ou de l'appariement. Inversement, les perversions, par les stases de l'appropriation spéculaire, mettent en exergue tel ou tel déficit de la reconnaissance aliénée. Paradoxalement, et à l'inverse de ce qui se passe dans les psychoses, la neutralisation de l'autre est alors compensée dans le registre de l'autrui. Aussi les pervers sont-ils éminemment "sociaux". Ils provignent dans les milieux éducatifs, artistiques et médiatiques, partout où il s'agit de placer le partenaire "sous influence". Je renonce ici - parce que la question ne m'est pas encore suffisamment claire - à articuler systématiquement les deux axes (taxinomie et générativité) qui dans leur projection réciproque spécifient les modalités tantôt de l'altération (alter, autre) tantôt de l'aliénation (alius, autrui). Disons simplement que, si nos hypothèses sont exactes, l'impact du miroir devrait, par exemple, produire des effets différents selon que le trouble est génératif (schizophrénie) - l'individu perd le principe de son unification, ne peut plus se rassembler mais seulement s'assembler au hasard des traits qui font saillie, induits par un mot, un regard, un geste, un éclairage - ou taxinomique (narcissisme) - l'individu (dans ce cas, mal nommé) ne peut plus se désassembler, se déprendre d'une silhouette redondante, inflative, précipitée dans le gonflement. Le schizo est tout le temps en train de découper arbitrairement son univers, et donc aussi son image. Il ne cesse de se fonder, de s'auto-nomiser. Sa langue est originaire et, de ce fait, originale. Tel Wolfson, "l'étudiant en langues schizophrénique". Le narcisse, de son côté, gonfle d'auto-suffisance. Il s'agit d'un "pour-autrui devenu pour-soi" (Gagnepain) et non pas d'un autre devenu soi, ce qui constitue une figure de la perversion. Schizophrénie et narcissisme constituent , pour Gagnepain, des troubles de l'aliénation sur le pôle déontique. La structure de l'autrui est analysée mais réifiée sans réinvestissement qui pourrait la contester. Au contraire, paranoïa et sado-masochisme sont des troubles de l'aliénation sur le pôle déontologique. L'analyse structurale de l'autrui est déficitaire, le réinvestissement immédiat dans une adhérence précipitée. Si la confrontation au miroir ne semble pas une épreuve pertinente ou discriminatoire pour la mise en exergue de ces troubles, c'est précisément à cause de l'évidence qui annexe l'image. (Pour une meilleure intelligence de nos propos, nous reproduisons ci-dessous le tableau récapitulatif des troubles du plan III, établi par P. Marchal à partir d'un travail collectif sur le Séminaire 1983-84 de J. Gagnepain) (3).

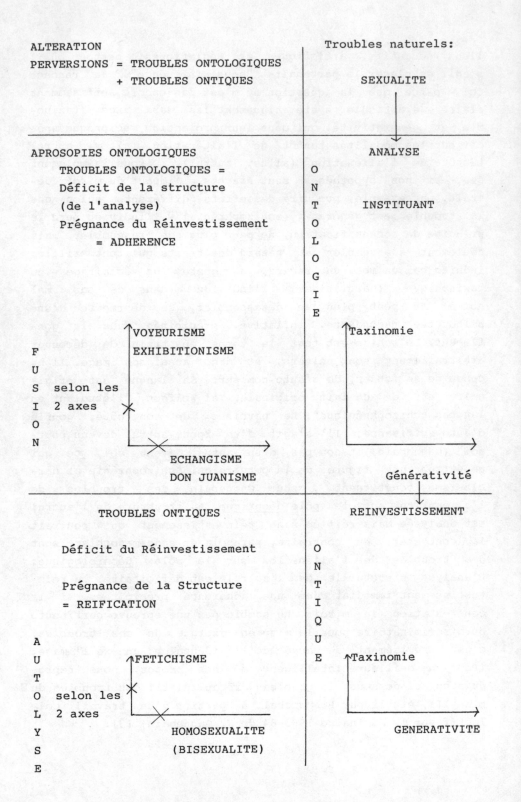

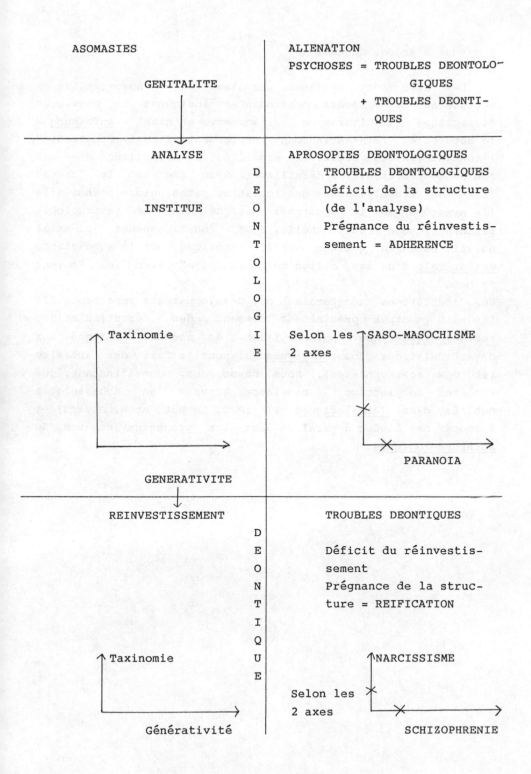

Remarque à propos du tableau

Les axes sont indiqués par les flèches horizontales et verticales. Les flèches descendantes indiquent le mouvement dialectique (acculturation qui conserve en niant - Aufhebung - le naturel et réinvestissement performantiel qui "contredit" l'instance). Les croix (X) signifient la défaillance d'un axe (ou sa destruction). La défaillance d'un axe est la "cause" (lieu du trouble) d'une manifestation pathologique phénoménale (le symptôme ou le syndrome) désigné dans la terminologie psychiatrique traditionnelle. Le fonctionnement bi-axial normal est, en quelque sorte, intoxiqué par la subsistance unilatérale d'un axe, obligé de "tout faire" avec les "moyens du bord".
Ces indications mériteraient des développements importants. Il faudrait montrer précisément comment des désarticulations socio-logiques se pathologisent de manière analogue aux désarticulations glosso-logiques qui sont le fait des aphasies (et des schizophasies). Nous ne pouvons, pour l'instant, que reporter le lecteur à plusieurs travaux en aphasiologie publiés dans Tétralogiques II (M.C. Le Bot et H. Guyard) et annoncer des études à paraître dans les prochains numéros de Anthropo-logiques.

En reconsidérant les énoncés lacaniens dans cette perspective, il me semble possible de mieux "dénuder" le stade du
miroir pour en faire saillir la structure. Il y va du statut
de l'identification. Dans Les complexes familiaux, Lacan commence par emprunter un chemin "wallonné". Il rappelle que
"les sensations extéro-, proprio- et intéroceptives ne sont
pas encore, après le douzième mois, suffisamment coordonnées
pour que soit achevée la reconnaissance du corps propre, ni
corrélativement la notion de ce qui lui est extérieur" (C.F.,
28). "Très tôt pourtant, certaines sensations extéroceptives
s'isolent sporadiquement en unités de perception". Sourire,
discrimination des visages se mettent en place. Les sensations proprioceptives (succion, préhension) ébauchent une
délimitation du corps qu'on ne saurait, sans anachronisme,
qualifier d'auto-érotique, moïque ou même narcissique. De même, les sensations intéroceptives restent chaotiques en raison de l'immaturation neurophysiologique. L'homme est un animal à naissance prématurée. (Proposition de laquelle on ne
saurait tirer: l'animal est un homme à naissance retardée !).
C'est pourtant parfaitement vrai de l'infans, puisqu'il le
prouve. Sa naissance sociale, il l'ébauche, selon Lacan, dans
la jalousie (complexe de l'intrusion). Ce serait trop simple
de n'y voir que rivalité pour un même objet de convoitise,
comme le donnerait à penser l'observation d'un Saint Augustin
("il ne parlait pas encore et il ne pouvait sans pâlir arrêter son regard au spectable amer de son frère de lait") ou
les dernières resucées d'un R. Girard; le point critique, dit
Lacan, est que "la jalousie, dans son fonds, représente non
pas une rivalité vitale mais une identification mentale"
(C.F., 36). Il ne s'agit donc pas essentiellement et à proprement parler d'un affect au sens brut du terme. Lacan évoque alors l'observation d'enfants entre six mois et deux ans,
confrontés par couples mais laissés à leur spontanéité ludi-
que. Ils adoptent une série de postures et gestes, provoca-
tions et ripostes qui "permettent d'affirmer, sans préjuger
de la conscience des sujets, qu'ils réalisent la situation
comme à double issue, comme une alternative" (C.F., 37).
Toutefois l'écart d'âge ne peut excéder deux mois et demi,
sous peine de produire des réactions d'une autre facture:
parade, séduction, despotisme. Nous dirions volontiers que

s'ébaucherait alors sinon la constitution, du moins la passion (pâtir) d'un _autrui_ et non plus d'un autre, car "l'image de l'autre est liée à la structure du corps propre et plus spécialement de ses fonctions de relation, par une certaine similitude objective" (_C.F._, 38). Le ressort de l'identité tient dans l'identification _préalable_, pense Lacan. C'est précisément la théorie d'une telle identification qu'il tente à travers le stade du miroir qui en serait comme la première manifestation dans la genèse. Il insiste à plusieurs reprises sur la permanence de cette structure confusionnelle, dont il cherche à _dériver_ l'autrui véritable par le _deus ex machina_ d'un surgissement tiers. C'est confondre, à notre avis, la structure d'une altérité connective, d'une duplication idéale - qui requiert sans doute une "tiercité" (on commence à compter par trois) -, avec la responsabilité pour autrui telle que la raconte, dans son "roman des origines" (complexe d'Oedipe), la théorie analytique. Les subtilités sur l'idéal du moi (support d'identification "secondaire") et le moi idéal (identification "primaire") trouveraient peut-être là quelque éclairage. Peut-être aussi échapperait-on mieux par là au "défaut le plus marquant de la doctrine analytique: négliger la structure au profit du dynamisme" (_C.F._, 58).

La psychanalyse - et Lacan a farouchement oeuvré dans ce sens - doit cesser de se raconter des histoires et plutôt nous expliquer comment il se fait que nous _puissions et devions_ nous en raconter, et sur un tel canevas. Lacan ne brûle-t-il pas de s'approcher, quand on trouve sous sa plume ce qui suit: "Ce développement est vécu comme une dialectique temporelle qui décisivement projette en histoire la formation de l'individu: le _stade du miroir_ est un drame dont la poussée interne se précipite de l'insuffisance à l'anticipation - et qui pour le sujet, pris au leurre de l'identification spatiale, machine les fantasmes qui se succèdent d'une image morcelée du corps à une forme que nous appellerons orthopédique de sa totalité -; et à l'armure enfin assumée d'une identité aliénante, qui va marquer de sa structure rigide tout son développement mental" (_Ecrits_, 97). Il n'y a plus à chercher un "virage" du _Je_ spéculaire au _Je_ social, comme il le croit (<u>E</u>., 98). <u>Le spéculaire est social, mais d'une socialité littéralement irresponsable</u>.

Ne serait-ce pas justement de cette suspension intentionnelle de la responsabilité que se prévaut le silence de l'analyste (il n'éduque pas), quand, suspendant le dialogue commun, il n'offre plus à l'analysant, pour un temps calculé et non sans risques mortifères, que le miroir glacé d'une présence de marbre ? Induction, dit Lacan, de paranoïa <u>dirigée</u>. Oui, à condition de comprendre que c'est l'<u>épochè</u> de l'autrui qui rabat la relation sur l'autre (le comparse). Elle n'est pas de soi passionnelle, mais par incidence du désir (plan IV). Toute la problématique du transfert procède de ce carrefour.

IV. Le désir de l'image

Il n'y a pas de doute que l'image (spéculaire) excite, trouble, angoisse, énamore, rassure. Que ce soit sous la forme de l'ombre ou du reflet, le dédoublement signifie à l'homme une <u>Spaltung</u> insurmontable et dangereuse. S'il perd son image, il perd son âme. Sa vie devient exsangue, elle se désagrège. Les histoires de double, d'envoûtement et d'anges gardiens (plutôt que la théologie des mânes aux enfers ou les croyances dans les revenants, qui font appel à un principe d'aliénation possessive) prennent racine dans cette crevasse imaginaire. Mais, d'autre part, le culte de l'image exacerbe la dimension orgiaque de la vie, dans la dénégation de la perte et de la mort. On peut se demander si la théologie juive, par l'abolition de toute représentation imagée, par le creusement infini de la distance qui éloigne un Tout-Autre (un Tout-Autre transcendant, dans la mesure où la dimension de dépendance est concernée), n'est pas une théologie de la désespérance et de la mort. Des dieux, certes, mais aussi, peut-être, de Dieu. Nous avons besoin d'un <u>semblant</u>, c'est-à-dire de supposer un Autre dont le miroir soit le support.

Quand l'espace du miroir s'ouvre à l'infini, sans résistance, l'appel de l'ouvert devient appel du vide, que le schizophrène tente de conjurer dans l'incertitude et avec

angoisse. Gisela Pankow a souligné avec vigueur la nécessité
- et l'impossibilité, sans intervention d'une "greffe de
transfert" - de dialectiser l'image du corps dans la psychose. Elle distingue une double fonction de l'image du corps
(cfr L'homme et sa psychose, Aubier-Montaigne). Une fonction
de structuration spatiale, articulant dynamiquement parties
et tout. Le schizophrène échoue dans cette opération. L'autre
fonction ne concerne pas la structure en tant que "forme"
(nous dirions: délimitation segmentante) mais en tant que
"contenu et sens" (c'est-à-dire dans son aspect qualitatif et
contrastif). La défaillance de cette seconde fonction caractérise, selon Pankow, les délires chroniques non-schizophré-
niques. Il nous semble retrouver ainsi la bi-axialité de J.
Gagnepain (taxinomique/générative, narcissisme/schizophré-
nie). Mais le rapprochement est à éprouver, pour éviter tout
effet de mirage syncrétique. Quoi qu'il en soit, on notera
avec intérêt cette remarque de Pankow: "Lorsque la dissociation dans le monde spatial est réparée, le malade peut entrer
dans son histoire, car la dissociation de l'image du corps
s'accompagne simultanément d'une perte de la dimension historique (je souligne) de la vie du schizophrène" (H. et Ps.,
28). Le schizo n'entre pas dans l'histoire parce qu'il la
fige dans l'éternité. Il ne réinvestit pas, ne contraint pas,
l'ouverture illimitée de l'espace et du temps.

Un exemple privilégié de G. Pankow est emprunté à Georges
Rodenbach, dans la nouvelle intitulée L'ami des miroirs.
"Ah ! ces maudits miroirs !" fait dire le poète à son héros.
"Ils vivent de reflets. Ils sont à l'affût des passants.
(...) Ce sont eux qui nous prennent nos couleurs vives, peut-
être. C'est de les avoir colorés que nous sommes pâles...".
Chaque reflet miroitant emporte une part de corps, un morceau
d'histoire qui prennent une vie propre, autonome. "Non seulement il considéra comme un étranger sa propre personne reflé-
tée, mais il lui sembla qu'au lieu d'être une image, elle
offrait la réalité physique d'un être". Le héros, en quête de
remembrement d'un corps dissocié, finit par se précipiter
dans la glace. On le trouva un matin, ensanglanté, le crâne
ouvert, râlant, devant la cheminée de sa chambre. Et Pankow
de commenter: "Le secret du miroir consiste en une confron-

tation de l'homme avec sa propre corporéité saisie du dehors. Reconnaître sa propre image est un acte de liberté qui suppose l'acceptation de sa corporéité, non plus comme seulement ressentie ou comme être-pour-soi, mais comme vue et comme être-pour-autrui".

La littérature fantastique (Hoffmann, Maupassant, etc.) regorge de telles séductions optiques. Elles constituent, semble-t-il, la thématique littéraire de la psychose au XIXe siècle, magistralement dégagée par Max Milner dans La fantasmagorie (P.U.F., 1982). On ne s'avancera pas trop en soupçonnant qu'elle prend aujourd'hui, au temps des lasers, des puces et des ondes, des relais inédits. L'imaginaire de la folie colle aux semelles de la technique. Car, comme dit Lacan - et toute l'inquiétude humaine tient en ces quelques mots -, "ce qu'on regarde, c'est ce qui ne peut pas se voir".

NOTES

(1) Nous empruntons la notion de "schème imageant" à Philippe BRUNEAU dans son article "De l'image", in _Ramage_ (Revue d'archéologie moderne et d'archéologie générale), 1986, n° 4, 249-295.

(2) On soupçonne les conséquences que cette thèse emporte pour une certaine argumentation abusivement et fallacieusement sollicitée en matière de ce qu'il est convenu d'appeler - au risque d'un raccourci conceptuel intempestif - bioéthique. Projeter _dans_ l'enfant et non pas sur lui un droit d'existence, relève d'une démarche proprement mythique qui efface magiquement la radicale contingence de l'être, son "insoutenable légèreté". La responsabilité, tremblant devant son arbitraire, s'en remet alors à la certitude d'un "vouloir" transcendant qu'elle suppose inflexible. La Vie - avec un grand V - devient valeur en soi, elle tient lieu de norme. Cessant d'être appel, elle se fait ukaze. Il est vrai qu'un embryon humain diffère dans toute sa texture d'un embryon animal qui ne donnera, quoi qu'il arrive, jamais de l'homme. Mais il n'est pas moins vrai qu'un embryon n'est pas _naturellement_ humain. Il ne l'est que porté par une promesse, un engagement qui le cooptent dans le monde humain, non pas une fois pour toutes mais chaque jour. Et ce n'est pas parce que la vie s'en va seule, au bout d'un certain temps, sur ses propres pieds, qu'elle est plus respectable. Elle est seulement plus inter-pellante, c'est-à-dire que le seuil _psychologique_ qui nous dissuade de lui porter atteinte se trouve brusquement augmenté. A peine de nier l'humanité _en nous_, ce seuil n'est certes jamais nul, _moralement_ parlant. Engendrer culturellement suppose la "négation" de l'être naturel, mais c'est en soi-même qu'il s'agit de le nier pour devenir de géniteur père ou mère, de rejeton fils ou fille. Anéantir l'être naturel extrinsèque (petit d'homme et non petit homme, ou

homme en miniature), c'est poser un acte de parentalité contradictoire, plus "déchiré" que moralement inadmissible, puisqu'il s'agit de poser un être de non-être. On ne voit pas comment une telle position pourrait s'ériger en principe. Mais on ne voit pas davantage au nom de quoi la vie imposerait d'elle-même sa promesse d'humanité. Le genre humain a toujours convenu de lui dans une auto-détermination incertaine; seulement le seuil psychologique de sa tolérance est mouvant. L'infanticide qui ne heurtait pas la sensibilité des anciens est devenu intolérable à nos yeux (mais pourquoi pas la guerre ?). C'est le fruit d'une représentation scientifique toujours plus exigeante, qui nous introduit au coeur des mécanismes de la conjonction et de la reproduction cellulaires, et d'une hypostase de la responsabilité transférée à un garant divin absolument transcendant. Paternité d'où toute paternité tire son nom. Au risque de s'y dissoudre, la procréation se résout dans la création postulée. Mais c'est nous qui la postulons. La seule vraie question est de savoir si nous émettons le message ou si nous ne faisons que le retourner à l'envoyeur. En tout état de cause, l'homme est ce qu'il pense et exige de lui-même.

(3) On sera sans doute étonné de voir figurer le sado-masochisme parmi les psychoses et non les perversions. C'est à nos yeux un excellent exemple de la fécondité heuristique du modèle. Le sado-masochisme met en exergue la dimension humiliante du rapport d'autorité. L'humiliation peut retentir sur la face instituante de la constitution de la personne, sans pour autant y consister et y trouver son principe. C'est le cas, croyons-nous, de l'inceste qui est d'abord une violence avant d'être un viol, ou encore de la pédérastie qui est un abus de pouvoir et de confiance avant d'être une effraction sexuelle. Certes il n'est pas exclu - et les homologies structurales le suggèrent - qu'un incestueux (ou un pédéraste) soit de surcroît un exhibitionniste/voyeuriste.
Dans une perspective analogue de déconstruction des plans, des faces et des axes, un trouble comme le transsexualisme - qui n'est pas le transvestisme - devrait, à

notre avis, se penser à partir de la psychose et de la névrose comme une porte de sortie dans le réel pour une homosexualité déniée, insupportable. Ce déni (Verleugnung) serait une modalité particulière de refoulement, mêlant des processus de réticence névrotique à une perturbation de la sexualité et de la génitalité acculturées (les transsexuels étant, comme on sait, définitivement stériles).

On pourrait tenter d'autres rapprochements tout aussi suggestifs, qui méritent plus ample examen. Rebaptiser psychoses les troubles autolytiques, sur le versant instituant comme sur le versant institué, et perversions les troubles fusionnels (hypothèse émise par J. Schotte). Cela inclurait le fétichisme et l'homosexualité dans les psychoses et ferait de la paranoïa, à l'instar du sado-masochisme, une perversion. Ce nouvel "étiquetage" n'est pas sans pertinence clinique, en particulier, nous semble-t-il, pour la paranoïa dont la procédure "sophistique" est bien connue (rigueur logique à partir de prémisses "fausses"). Le modèle gagnerait en élégance - psychoses (III) et névroses (IV) s'opposant polairement aux perversions et aux psychopathies -. Mais cette raison "esthétique" ne saurait, à elle seule, emporter le choix. Il y faut de plus forts arguments, qui ne sont pas encore bien établis.

Le type de démarche que nous proposons ici suppose, dans la plus pure tradition freudienne, que le lieu de la manifestation symptomatique n'est pas immédiatement celui du trouble. On mesure l'écart par rapport à une perspective ultra-positiviste comme celle du DSM III, par exemple. Nous n'oserions cependant pas jurer nous être gardé, dans cet article même, du piège à coup sûr. Et nous n'ignorons pas, par ailleurs, les risques encourus à vouloir regarder "derrière" les phénomènes. Le problème réside dans la mise au jour du formalisme incorporé qu'est l'être humain. Le phénomène n'a rien d'une donnée brute mais est toujours l'aboutissement d'une élaboration implicite. Quand il s'agit des phénomènes naturels, cette élaboration leur est extrinsèque (et l'homme reste toujours aussi un être de nature): c'est nous qui causons (disons et

causalisons) le monde. Quand il s'agit de l'homme, l'élaboration est, en outre, intrinsèque. Les sciences de
l'homme sont un logos de logos. Le lieu de vérification
expérimentale devient alors, nécessairement, un lieu de
vérification clinique.

BIBLIOGRAPHIE

J.R. ANDERSON, "Mirror-Image Stimulation and Short Separations in Stumptail Monkeys", "Animal Learning and Behavior", 11 (1), 1983, (139-143).

J.R. ANDERSON, "Monkeys with Mirrors: Some Questions for Primate Psychology", "International Journal of Primatology", vol. 5, n° I, 1984, (81-97).

J.R. ANDERSON, "Responses to Mirror-Image Stimulation and Assessment of Self-Recognition in Mirror- and Peer-reared Stumptail Macaques", "Quarterly Journal of Experimental Psychology", 35 B, 1983, (201-212).

J.R. ANDERSON, "The Development of Self-Recognition: A Review", "Developmental Psychobiology", 17 (1), 1984, (35-49).

D. ANZIEU, "Le corps de l'oeuvre", Gallimard, 1982.

G. BATESON, "Vers une écologie de l'esprit", 2 vol. Seuil, 1972.

B. BERTENTHAL, J. BROOKS-GUNN, K. FISCHER, G. GALLUP, M. LEWIS, P. MOUNOUD, A. WINTER, H. WALLON, R. ZAZZO, "La reconnaissance de son image chez l'enfant et l'animal", Delachaux et Niestlé, 1981.

P. BRUNEAU, "De l'image" in "Ramage", 1986, n° 4, (249-295).

J. DERRIDA, "Freud et la scène de l'écriture" in "L'écriture et la différence", Seuil, 1967.

A. DE WAELHENS, "La psychose. Essai d'interprétation analytique et existentiale", Nauwelaerts, 1972.

DSM III. Manuel diagnostique et statistique des troubles mentaux, Masson, 1983.

A.R. EGLASH and C.T. SNOWDON, "Mirror-Image Responses in Pygmy Marmosets (Cebuella pygmea)", American Journal of Primatology", vol. 5, 1983, (211-219).

M.W. FOX, "Are Most Animals 'Mindless Automatons'. A Reply to Gordon G. Gallup, Jr", "American Journal of Primatology", vol. 3, 1982, (341-343).

201

J. GAGNEPAIN, "Du Vouloir Dire. Traité d'épistémologie des sciences humaines", "I. Du Signe. De l'Outil", Pergamon Press, 1982.

J. GAGNEPAIN, "Séminaire 1983-84" (inédit).

G.G. GALLUP, Jr, L.B. WALLNAU and S.D. SUAREZ, "Failure to Find Self-Recognitions in Mother-Infant and Infant-Infant Rhesus Monkey Pairs", "Folia Primatologica", 33, 1980, (210-219).

G.G. GALLUP, Jr, "Self-Awareness in Primates", "American Scientist", vol. 67, n° 4, 1979, (417-421).

G.G. GALLUP, Jr, "Self-Recognition in Chimpanzees and Man: A Developmental and Comparative Perspective" in M. LEWIS and L. ROSENBLUM (ed.), "Genesis of Behavior", vol. 2: "The Child and Its Family", Plenum Press, 1979, (107-125).

R. GIRARD, "La violence et le sacré", Grasset, 1972.

R. JAKOBSON, "Six leçons sur le son et le sens", Minuit, 1976.

J. LACAN, "De la psychose paranoïaque dans ses rapports avec la personnalité", Seuil, 1975.

J. LACAN, "Ecrits", Seuil, 1966.

J. LACAN, "Les complexes familiaux", Navarin, 1984.

A.R. LECOURS, M. NAVET et A. ROSS-CHOUINARD, "Langage et pensée du schizophase" in "Confrontations psychiatriques", n° 19, 1981, (109-144).

D.H. LEDBETTER, J.A. BASEN, "Failure to Demonstrate Self-Recognition in Gorillas", "American Journal of Primatology", vol. 2, 1982, (307-310).

M. MILNER, "La fantasmagorie", P.U.F., 1982.

G. PANKOW, "L'homme et sa psychose", Aubier-Montaigne, 1969.

J.-C. QUENTEL, "Le concept d'enfant ou l'enfant, dimension de la personne". Communication aux Journées d'études internationales du CIGAC (Namur, 5-9 oct. 1987). A paraître dans "Anthropo-logiques" II (Cahiers de linguistique de Louvain). Peeters, printemps 1988.

C.A. RISTAU, "Language, Cognition, and Awareness in Animals ?", in J.A. SECHZER (ed.), "The Role of Animals in Biomedical Research", vol. 406, Annals of the New York Academy of Sciences, 1983.

D.P. SCHREBER, "Mémoire d'un névropathe", Trad. de l'allemand par P. DUQUENNE et N. SELS, Seuil, 1975.

"Tétralogiques" I, II et IV. UER du langage et des sciences de la culture. Université de Haute-Bretagne, Rennes II, 1984-88.

L.WOLFSON, "Le schizo et les langues", Gallimard, 1970.

R. ZAZZO, "La genèse de la conscience de soi (la reconnaissance de soi dans l'image du miroir)", in P. FRAISSE (éd.), "Psychologie de la connaissance de soi", P.U.F., 1975, (145-213).

R. ZAZZO, "Où en est la psychologie de l'enfance ?", Gonthier (Médiations), 1983. (On trouvera ici une bibliographie-filmographie de l'ensemble des travaux de R. Zazzo sur le miroir).

(Je remercie Jean BURTON de m'avoir transmis plusieurs documents sur les expériences de miroir développées aux Etats-Unis, en psychologie comparée).

C I G A C

CENTRE INTERDISCIPLINAIRE DE GLOSSOLOGIE ET

D'ANTHROPOLOGIE CLINIQUE

Bibliothèque des Cahiers de l'Institut de Linguistique de
Louvain

ANTHROPO-LOGIQUES

n° 2 (à paraître)

Comité de rédaction:
    J. GIOT, D. HUVELLE, R. JONGEN, P. MARCHAL, R. PIRARD

Actes du Colloque organisé par le CIGAC du 5 au 9 octobre 1987

    Ce numéro reprendra l'essentiel des interventions faites
lors du Colloque ainsi que les discussions qui ont suivi
chaque exposé.

    Les thèmes abordés lors des communications sont les
suivants: méthodologie clinique générale, glossologie,
clinique aphasiologique, questions de rhétorique, rapports
sur l'ergologie, sociolinguistique et axio-linguistique,
sociologie et axiologie.

ADRESSES DE CONTACT: R. JONGEN, AVENUE SAINTE GERTRUDE 18
                        B-1348 LOUVAIN-LA-NEUVE 010-45.06.41.
                     R. PIRARD, RUE FLORIMOND LETROYE 8
                        B-1300 WAVRE 010-22.84.22.

tétralogiques n° 4

SOMMAIRE

enfant, langage et société

R.A.M.A.GE

REVUE D'ARCHÉOLOGIE MODERNE
ET D'ARCHÉOLOGIE GÉNÉRALE

Publiée par le Centre d'Archéologie moderne
de l'Université de Paris-Sorbonne,

Se réclame, dans ses articles de fond, de la Théorie de la médiation qui,
reconnaissant, en l'homme, le technicien comme l'égal et le contemporain du
grammairien ou du citoyen, autorise le principe d'une archéologie dépériodisée, cessant de se
confiner à l'investigation du très ancien, mais considérant pareillement l'univers technique des
époques récentes ;
par l'élaboration d'une ergologie et la dissociation de quatre plans de rationalité, fournit
des modèles généraux auxquels rapporter les cas singuliers dont l'archéologie a à connaître.

Six numéros sont déjà parus (contributions sur le style, le portrait, l'image,
le vêtement, le logement animal, les industries funéraires, l'épigraphie)

Commande à adresser aux
Presses de l'Université de Paris-Sorbonne
18 rue de la Sorbonne 75005 PARIS

BCILL 5 : *Language in Sociology*, éd. VERDOODT A. et KJOLSETH R., 304 pp., 1976. Prix : 760,- FB.
From the 153 sociolinguistics papers presented at the 8th World Congres of Sociology, the editors selected 10 representative contributions about language and education, industrialization, ethnicity, politics, religion, and speech act theory.

BCILL 6 : HANART M., *Les littératures dialectales de la Belgique romane : Guide bibliographique*, 96 pp., 1976 (2e tirage, corrigé de CD 12). Prix : 340,- FB.
En un moment où les littératures connexes suscitent un regain d'intérêt indéniable, ce livre rassemble une somme d'informations sur les productions littéraires wallonnes, mais aussi picardes et lorraines. Y sont également considérés des domaines annexes comme la linguistique dialectale et l'ethnographie.

BCILL 7 : *Hethitica II*, éd. JUCQUOIS G. et LEBRUN R., avec la collaboration de DEVLAMMINCK B., II-159 pp., 1977, Prix : 480,- FB.
Cinq ans après *Hethitica I* publié à la Faculté de Philosophie et Lettres de l'Université de Louvain, quelques hittitologues belges et étrangers fournissent une dizaine de contributions dans les domaines de la linguistique anatolienne et des cultures qui s'y rattachent.

BCILL 8 : JUCQUOIS G. et DEVLAMMINCK B., *Compléments aux dictionnaires étymologiques du grec*. Tome I : A-K, II-121 pp., 1977. Prix : 380,- FB.
Le *Dictionnaire étymologique de la langue grecque* du regretté CHANTRAINE P. est déjà devenu, avant la fin de sa parution, un classique indispensable pour les hellénistes. Il a fait l'objet de nombreux comptes rendus, dont il a semblé intéressant de regrouper l'essentiel en un volume. C'est le but que poursuivent ces *Compléments aux dictionnaires étymologiques du grec*.

BCILL 9 : DEVLAMMINCK B. et JUCQUOIS G., *Compléments aux dictionnaires étymologiques du gothique*. Tome I : A-F, II-123 pp., 1977. Prix : 380,- FB.
Le principal dictionnaire étymologique du gothique, celui de Feist, date dans ses dernières éditions de près de 40 ans. En attendant une refonte de l'oeuvre qui incorporerait les données récentes, ces compléments donnent l'essentiel de la littérature publiée sur ce sujet.

BCILL 10 : VERDOODT A., *Les problèmes des groupes linguistiques en Belgique : Introduction à la bibliographie et guide pour la recherche*, 235 pp., 1977 (réédition de CD 1). Prix : 590,- FB.
Un ,,trend-report'' de 2.000 livres et articles relatifs aux problèmes socio-linguistiques belges. L'auteur, qui a obtenu l'aide de nombreux spécialistes, a notamment dépouillé les catalogues par matière des bibliothèques universitaires, les principales revues belges et les périodiques sociologiques et linguistiques de classe internationale.

BCILL 11 : RAISON J. et POPE M., *Index transnuméré du linéaire A*, 333 pp., 1977. Prix : 840,- FB.
Cet ouvrage est la suite, antérieurement promise, de RAISON-POPE, Index du linéaire A, Rome 1971. A l'introduction près (et aux dessins des ,,mots''), il en reprend entièrement le contenu et constitue de ce fait une édition nouvelle, corrigée sur les originaux en 1974-76 et augmentée des textes récemment publiés d'Arkhanès, Knossos, La Canée, Zakro, etc., également autopsiés et rephotographiés par les auteurs.

BCILL 12 : **BAL W. et GERMAIN J.**, *Guide bibliographique de linguistique romane*, VI-267 pp., 1978. Prix : 685,- FB., ISBN 2-87077-097-9, 1982, ISBN 2-8017-0099-1.
Conçu principalement en fonction de l'enseignement, cet ouvrage, sélectif, non exhaustif, tâche d'être à jour pour les travaux importants jusqu'à la fin de 1977. La bibliographie de linguistique romane proprement dite s'y trouve complétée par un bref aperçu de bibliographie générale et par une introduction bibliographique à la linguistique générale.

BCILL 13 : **ALMEIDA I.**, *L'opérativité sémantique des récits-paraboles. Sémiotique narrative et textuelle. Herméneutique du discours religieux.* Préface de Jean LA-DRIERE, XIII-484 pp., 1978. Prix : 1.250,- FB.
Prenant comme champ d'application une analyse sémiotique fouillée des récits-paraboles de l'Evangile de Marc, ce volume débouche sur une réflexion herméneutique concernant le monde religieux de ces récits. Il se fonde sur une investigation épistémologique contrôlant les démarches suivies et situant la sémiotique au sein de la question générale du sens et de la compréhension.

BCILL 14 : *Etudes Minoennes I : le linéaire A,* éd. Y. DUHOUX, 191 pp., 1978. Prix : 480,- FB.
Trois questions relatives à l'une des plus anciennes écritures d'Europe sont traitées dans ce recueil ; évolution passée et état présent des recherches ; analyse linguistique de la langue du linéaire A ; lecture phonétique de toutes les séquences de signes éditées à ce jour.

BCILL 15 : *Hethitica III,* 165 pp., 1979. Prix : 490,- FB.
Ce volume rassemble quatre études consacrées à la titulature royale hittite, la femme dans la société hittite, l'onomastique lycienne et gréco-asianique, les rituels CTH 472 contre une impureté.

BCILL 16 : **GODIN P.**, *Aspecten van de woordvolgorde in het Nederlands. Een syntaktische, semantische en functionele benadering,* VI + 338 pp., 1980. Prix : 1.000,- FB., ISBN 2-87077-241-6.
In dit werk wordt de stelling verdedigd dat de woordvolgorde in het Nederlands beregeld wordt door drie hoofdfaktoren, nl. de syntaxis (in de engere betekenis van dat woord), de semantiek (in de zin van distributie van de dieptekasussen in de oppervlaktestruktuur) en het zgn. functionele zinsperspektief (d.i. de distributie van de constituenten naargelang van hun graad van communicatief dynamisme).

BCILL 17 : **BOHL S.**, *Ausdrucksmittel für ein Besitzverhältnis im Vedischen und Griechischen,* III + 108 pp., 1980. Prix : 360,- FB., ISBN 2-87077-170-3.
This study examines the linguistic means used for expressing possession in Vedic Indian and Homeric Greek. The comparison, based on a select corpus of texts, reveals that these languages use essentially inherited devices but with differing frequency ratios. In addition Greek has developed a verb „to have", the result of a different rhythm in cultural development.

BCILL 18 : **RAISON J. et POPE M.**, *Corpus transnuméré du linéaire A*, 350 pp., 1980. Prix : 1.100,- FB.
Cet ouvrage est, d'une part, la clé à l'Index transnuméré du linéaire A des mêmes auteurs, BCILL 11 : de l'autre, il ajoute aux recueils d'inscriptions déjà publiés de plusieurs côtés des compléments indispensables : descriptions, transnumérations, apparat critique, localisation précise et chronologie détaillée des textes, nouveautés diverses, etc.

BCILL 19 : **FRANCARD M.**, *Le parler de Tenneville. Introduction à l'étude linguistique des parlers wallo-lorrains*, 312 pp., 1981. Prix : 780,- FB., ISBN 2-87077-000-6.
Dialectologues, romanistes et linguistes tireront profit de cette étude qui leur fournit une riche documentation sur le domaine wallo-lorrain, un aperçu général de la segmentation dialectale en Wallonie, et de nouveaux matériaux pour l'étude du changement linguistique dans le domaine gallo-roman. Ce livre intéressera aussi tous ceux qui sont attachés au patrimoine culturel du Luxembourg belge en particulier, et de la Wallonie en général.

BCILL 20 : **DESCAMPS A. et al.**, *Genèse et structure d'un texte du Nouveau Testament. Etude interdisciplinaire du chapitre 11 de l'Evangile de Jean*, 292 pp., 1981. Prix : 895,- FB.
Comment se pose le problème de l'intégration des multiples approches d'un texte biblique ? Comment articuler les unes aux autres les perspectives développées par l'exégèse historicocritique et les approches structuralistes ? C'est à ces questions que tentent de répondre les auteurs à partir de l'étude du récit de la résurrection de Lazare.
Ce volume a paru simultanément dans la collection „Lectio divina" sous le n° 104, au Cerf à Paris, ISBN 2-204-01658-6.

BCILL 21 : *Hethitica IV*, 155 pp., 1981. Prix : 390,- FB., ISBN 2-87077-026.
Six contributions d'E. Laroche, F. Bader, H. Gonnet, R. Lebrun et P. Crepon sur : les noms des Hittites ; hitt. zinna- ; un geste du roi hittite lors des affaires agraires ; voeux de la reine à Istar de Lawazantiya ; pauvres et démunis dans la société hittite ; le thème du cerf dans l'iconographie anatolienne.

BCILL 22 : **J.-J. GAZIAUX**, *L'élevage des bovidés à Jauchelette en roman pays de Brabant. Etude dialectologique et ethnographique*, XVIII + 372 pp., 1 encart, 45 illustr., 1982. Prix : 1.170,- FB., ISBN 2-87077-137-1.
Tout en proposant une étude ethnographique particulièrement fouillée des divers aspects de l'élevage des bovidés, avec une grande sensibilité au facteur humain, cet ouvrage recueille le vocabulaire wallon des paysans d'un petit village de l'est du Brabant, contrée peu explorée jusqu'à présent sur le plan dialectal.

BCILL 23 : *Hethitica V*, 131 pp., 1983. Prix : 330,- FB., ISBN 2-87077-155-X.
Onze articles de H. Berman, M. Forlanini, H. Gonnet, R. Haase, E. Laroche, R. Lebrun, S. de Martino, L.M. Mascheroni, H. Nowicki, K. Shields.

BCILL 24 : **L. BEHEYDT**, *Kindertaalonderzoek. Een methodologisch handboek*, 252 pp., 1983. Prix : 620,- FB., ISBN 2-87077-171-1.
Dit werk begint met een overzicht van de trends in het kindertaalonderzoek. Er wordt vooral aandacht besteed aan de methodes die gebruikt worden om de taalontwikkeling te onderzoeken en te bestuderen. Het biedt een gedetailleerd analyserooster voor het onderzoek van de receptieve en de produktieve taalwaardigheid zowel door middel van tests als door middel van bandopnamen. Zowel onderzoek van de woordenschat als onderzoek van de grammatica komen uitvoerig aan bod.

BCILL 25 : **J.-P. SONNET**, *La parole consacrée. Théorie des actes de langage, linguistique de l'énonciation et parole de la foi*, VI - 197 pp., 1984. Prix : 520,- FB. ISBN 2-87077-239-4
D'où vient que la parole de la foi ait une telle force ?
Ce volume tente de répondre à cette question en décrivant la „parole consacrée", en cernant la puissance spirituelle et en définissant la relation qu'elle instaure entre l'homme qui la prononce et le Dieu dont il parle.

BCILL 26 : **A. MORPURGO DAVIES - Y. DUHOUX (ed.)**, *Linear B : A 1984 Survey. Proceedings of the Mycenaean Colloquium of the VIIIth Congress of the International Federation of the Societies of Classical Studies (Dublin, 27 August - 1st September 1984)*, 310 pp., 1985. Price : 850 FB., ISBN 2-87077-289-0.
Six papers by well known Mycenaean specialists examine the results of Linear B studies more than 30 years after the decipherment of the script. Writing, language, religion and economy are all considered with constant reference to the Greek evidence of the First Millennium B.C. Two additional articles introduce a discussion of archaeological data which bear on the study of Mycenaean religion.

BCILL 27 : *Hethitica VI*, 204 pp., 1985. Prix : 550 FB. ISBN 2-87077-290-4.
Dix articles de J. Boley, M. Forlanini, H. Gonnet, E. Laroche, R. Lebrun, E. Neu, M. Paroussis, M. Poetto, W.R. Schmalstieg, P. Swiggers.

BCILL 28 : **R. DASCOTTE**, *Trois suppléments au dictionnaire du wallon du Centre*, 359 pp., 1 encart, 1985. Prix : 950 FB. ISBN 2-87077-303-X.
Ce travail comprend 5.200 termes qui apportent un complément substantiel au *Dictionnaire du wallon du Centre* (8.100 termes). Il est le fruit de 25 ans d'enquête sur le terrain et du dépouillement de nombreux travaux dont la plupart sont inédits, tels des mémoires universitaires. Nul doute que ces *Trois suppléments au dictionnaire du wallon du Centre* intéresseront le spécialiste et l'amateur.

BCILL 29 : **B. HENRY**, *Les enfants d'immigrés italiens en Belgique francophone. Seconde génération et comportement linguistique*, 360 pp., 1985. Prix : 950 FB. ISBN 2-87077-306-4.
L'ouvrage se veut un constat de la situation linguistique de la seconde génération immigrée italienne en Belgique francophone en 1976, Il est basé sur une étude statistique du comportement linguistique de 333 jeunes issus de milieux immigrés socio-économiques modestes. De chiffres préoccupants qui parlent et qui donnent à réfléchir...

BCILL 30 : **H. VAN HOOF**, *Petite histoire de la traduction en Occident*, 105 pp., 1986. Prix : 380 FB. ISBN 2-87077-343-9.
L'histoire de notre civilisation occidentale vue par la lorgnette de la traduction. De l'Antiquité à nos jours, le rôle de la traduction dans la transmission du patrimoine gréco-latin, dans la christianisation et la Réforme, dans le façonnage des langues, dans le développement des littératures, dans la diffusion des idées et du savoir. De la traduction orale des premiers temps à la traduction automatique moderne, un voyage fascinant.

BCILL 31 : **G. JUCQUOIS**, *De l'égocentrisme à l'ethnocentrisme*, 421 pp., 1986. Prix : 1.100 FB. ISBN 2-87077-352-8.
La rencontre de l'Autre est au centre des préoccupations comparatistes. Elle constitue toujours un événement qui suscite une interpellation du sujet : les manières d'être, d'agir et de penser de l'Autre sont autant de questions sur nos propres attitudes.

BCILL 32 : **G. JUCQUOIS**, *Analyse du langage et perception culturelle du changement*, 240 pp., 1986. Prix : 640 FB. ISBN 2-87077-353-6.
La communication suppose la mise en jeu de différences dans un système perçu comme permanent. La perception du changement est liée aux données culturelles : le concept de différentiel, issu très lentement des mathématiques, peut être appliqué aux sciences du vivant et aux sciences de l'homme.

BCILL 33-35 : **L. DUBOIS**, *Recherches sur le dialecte arcadien*, 3 vol., 236, 324, 134 pp., 1986. Prix : 1.975 FB. ISBN 2-87077-370-6.
Cet ouvrage présente aux antiquisants et aux linguistes un corpus mis à jour des inscriptions arcadiennes ainsi qu'une description synchronique et historique du dialecte. Le commentaire des inscriptions est envisagé sous l'angle avant tout philologique; l'objectif de la description de ce dialecte grec est la mise en évidence de nombreux archaïsmes linguistiques.

BCILL 36 : *Hethitica VII*, 267 pp., 1987. Prix : 800 FB.
Neuf articles de P. Cornil, M. Forlanini, H. Gonnet, R. Haase, G. Kellerman, R. Lebrun, K. Shields, O. Soysal, Th. Urbin Choffray.

BCILL 37 : *Hethitica VIII. Acta Anatolica E. Laroche oblata*, 426 pp., 1987. Prix : 1.300 FB.
Ce volume constitue les *Actes* du Colloque anatolien de Paris (1-5 juillet 1985) : articles de D. Arnaud, D. Beyer, Cl. Brixhe, A.M. et B. Dinçol, F. Echevarria, M. Forlanini, J. Freu, H. Gonnet, F. Imparati, D. Kassab, G. Kellerman, E. Laroche, R. Lebrun, C. Le Roy, A. Morpurgo Davies et J.D. Hawkins, P. Neve, D. Parayre, F. Pecchioli-Daddi, O. Pelon, M. Salvini, I. Singer, C. Watkins.

BCILL 38 : **J.-J. GAZIAUX,** *Parler wallon et vie rurale au pays de Jodoigne à partir de Jauchelette.* Avant-propos de Willy Bal, 368 pp., 1987. Prix : 790 FB.
Après avoir caractérisé le parler wallon de la région de Jodoigne, l'auteur de ce livre abondamment illustré s'attache à en décrire le cadre villageois, à partir de Jauchelette. Il s'intéresse surtout à l'évolution de la population et à divers aspects de la vie quotidienne (habitat, alimentation, distractions, vie religieuse), dont il recueille le vocabulaire wallon, en alliant donc dialectologie et ethnographie.

BCILL 39: **G. SERBAT,** *Linguistique latine et Linguistique générale,* 74 pp., 1988. Prix: 280 FB. ISBN 90-6831-103-4.
Huit conférences faites dans le cadre de la Chaire Francqui, d'octobre à décembre 1987, sur: le temps; deixis et anaphore; les complétives; la relative; nominatif; génitif partitif; principes de la dérivation nominale.

BCILL 40: *Anthropo-logiques,* éd. D. Huvelle, J. Giot, R. Jongen, P. Marchal, R. Pirard (Centre interdisciplinaire de Glossologie et d'Anthropologie Clinique), 202 pp., 1988. Prix: 600 FB. ISBN 90-6831-108-5.
En un moment où l'on ne peut plus ignorer le malaise épistémologique où se trouvent les sciences de l'humain, cette série nouvelle publie des travaux situés dans une perspective anthropo-logique unifiée mais déconstruite, épistémologiquement et expérimentalement fondée. Domaines abordés dans ce premier numéro: présentation générale de l'anthropologie clinique; épistémologie; linguistique saussurienne et glossologie; méthodologie de la description de la grammaticalité langagière (syntaxe); anthropologie de la personne (l'image spéculaire).

- **SÉRIE PÉDAGOGIQUE DE L'INSTITUT DE LINGUISTIQUE DE LOUVAIN (SPILL).**

SPILL 1 : **JUCQUOIS G.**, avec la collaboration de **LEUSE J.**, *Conventions pour la présentation d'un texte scientifique*, 1978, 54 pp. (épuisé).

SPILL 2 : **JUCQUOIS G.**, *Projet pour un traité de linguistique différentielle*, 1978, 67 pp. Prix : 170,- FB.
Exposé succinct destiné à de régulières mises à jour de l'ensemble des projets et des travaux en cours dans une perspective différentielle au sein de l'Institut de Linguistique de Louvain.

SPILL 3 : **JUCQUOIS G.**, *Additions 1978 au ,,Projet pour un traité de linguistique différentielle''*, 1978, 25 pp. Prix : 70,- FB.

SPILL 4 : **JUCQUOIS G.**, *Paradigmes du vieux-slave*, 1979, 33 pp. Prix : 100,- FB.
En vue de faciliter l'étude élémentaire de la grammaire du vieux-slave et de permettre aux étudiants d'en identifier rapidement les formes, ce volume regroupe l'ensemble des paradigmes de cette langue liturgique.

SPILL 5 : **BAL W. - GERMAIN J.**, *Guide de linguistique*, 1979, 108 pp. Prix : 275,- FB.
Destiné à tous ceux qui désirent s'initier à la linguistique moderne, ce guide joint à un exposé des notions fondamentales et des connexions interdisciplinaires de cette science une substantielle documentation bibliographique sélective, à jour, classée systématiquement et dont la consultation est encore facilitée par un index détaillé.

SPILL 6 : **JUCQUOIS G. - LEUSE J.**, *Ouvrages encyclopédiques et terminologiques en sciences humaines*, 1980, 66 pp. Prix : 165,- FB.
Brochure destinée à permettre une première orientation dans le domaine des diverses sciences de l'homme. Trois sortes de travaux y sont signalés : ouvrages de terminologie, ouvrages d'introduction, et ouvrages de type encyclopédique.

SPILL 7 : **DONNET D.**, *Paradigmes et résumé de grammaire sanskrite*, 64 pp., 1980. Prix : 160,- FB.
Dans cette brochure, qui sert de support à un cours d'initiation, sont envisagés : les règles du sandhi externe et interne, les paradigmes nominaux et verbaux, les principes et les classifications de la composition nominale.

SPILL 8-9 : **DEROY L.**, *Padaśas. Manuel pour commencer l'étude du sanskrit même sans maître*, 2 vol., 203 + 160 pp., 2e éd., 1984. Prix : 1.090,- FB., ISBN 2-87077-274-2.
Méthode progressive apte à donner une connaissance élémentaire et passive du sanskrit (en transcription). Chaque leçon de grammaire est illustrée par des textes simples (proverbes, maximes et contes). Le second volume contient un copieux lexique, une traduction des textes (pour contrôle) et les éléments pour étudier, éventuellement, à la fin, l'écriture nâgarî.

SPILL 10 : *Langage ordinaire et philosophie chez le second WITTGENSTEIN.*
Séminaire de philosophie du langage 1979-1980, édité par **MALHERBE J.F.**,
139 pp., 1980. Prix : 350,- FB. ISBN 2-87077-014-6.
Si, comme le soutenait Wittgenstein, la signification c'est l'usage, c'est en étudiant
l'usage d'un certain nombre de termes clés de la langue du philosophe que l'on
pourra, par-delà le découpage de sa pensée en aphorismes, tenter une synthèse de
quelques thèmes majeurs des investigations philosophiques.

SPILL 11 : **PIERRET J.M.**, *Phonétique du français. Notions de phonétique*
générale et phonétique du français, V - 245 pp. + 4 pp. hors texte, 1985. Prix :
550,- FB. ISBN 2-87077-018-9.
Ouvrage d'initiation aux principaux problèmes de la phonétique générale et de la
phonétique du français. Il étudie, en outre, dans une section de phonétique historique, l'évolution des sons, du latin au français moderne.

SPILL 12 : **Y. DUHOUX**, *Introduction aux dialectes grecs anciens. Problèmes*
et méthodes. Recueil de textes traduits, 111 pp., 1983. Prix : 280,- FB. ISBN
2-87077-177-0
Ce petit livre est destiné aux étudiants, professeurs de grec et lecteurs cultivés désireux de s'initier à la dialectologie grecque ancienne : description des parlers ; classification dialectale ; reconstitution de la préhistoire du grec. Quatorze cartes et
tableaux illustrent l'exposé, qui est complété par une bibliographie succincte. La
deuxième partie de l'ouvrage rassemble soixante-huit courtes inscriptions dialectales
traduites et accompagnées de leur bibliographie.

SPILL 13 : **G. JUCQUOIS**, *Le travail de fin d'études. Buts, méthode, présentation*,
82 pp., 1984. Prix : 230,-FB. ISBN 2-87077-224-6.
Les étudiants se posent souvent la question des buts du travail de fin d'études : quel
est le rôle de ce travail dans leur formation, comment rassembler les informations
nécessaires, comment les traiter, comment les présenter ? Voilà quelques unes des
grandes questions auxquelles on tente de répondre.

– **INDEX ET CONCORDANCES DE L'INSTITUT DE LINGUISTIQUE DE LOUVAIN (ICILL).**

ICILL 1 : **G. JUCQUOIS,** avec la collaboration de **B. DEVLAMMINCK et de J. LEUSE,** *La transcription des langues indo-européennes anciennes et modernes : normalisation et adaptation pour l'ordinateur.* 1980, 109 pp. Prix : 600,- FB.

ICILL 2 : **E. NIEUWBORG et J. WEISSHAUPT,** avec la collaboration de **D. REULEN,** *Concordantielijst van Zuidnederlandse Romans :* **H. CLAUS,** *Natuurgetrouwer ; De Zwarte Keizer ; Het jaar van de Kreeft,* 1979, 12 pp. + 3.435 pp. en 14 microfiches. Prix : 1.000,- FB.

ICILL 3 : **G. JUCQUOIS et B. DEVLAMMINCK,** *Die Sprache I (1949) - 20 (1974):* index des formes, 1979, XVI-301 pp. Prix : 1.000,- FB.

ICILL 4 : **E. NIEUWBORG et J. WEISSHAUPT,** avec la collaboration de **D. REULEN,** Concordance de : CESBRON G., *Notre prison est un royaume.* Concordance de *G. BERNANOS, L'imposture.* 1981, 12 pp. + 3.176 pp. en 12 microfiches. Prix : 950,- FB.

ICILL 6 : **E. NIEUWBORG et J. WEISSHAUPT,** avec la collaboration de **R. REULEN,** Concordantielijsten van weekbladen en krantentaal (Zuidnederlands taalgebied). 1981, 12 pp. + 2.606 pp. en 11 microfiches. Prix : 800,- FB.

ICILL 11 : **E. NIEUWBORG et J. WEISSHAUPT,** avec la collaboration de **R. REULEN,** Concordantielijsten van Zuidnederlandse letterkunde - Hubert LAMPO, *De komst van Joachim Stiller. Er is méér, Horatio.* 1981, 16 x 24, 12 pp. + 2.403 pp. en 10 microfiches. Prix : 800,- FB.